GÜNTER DONATH

DIE SCHLOSSKAPELLE ST. ANNEN IN ROCHSBURG UND IHRE WERKMEISTER

BAUGESCHICHTLICHE ABHANDLUNG
ZUM 500. JUBILÄUM
DER VOLLENDUNG DER KAPELLE

DONATUS

Der Meißner Dombaumeister i. R. Günter Donath (geb. 1950) begleitete mit seinem Architekturbüro die Sanierung und Restaurierung des Schlosses Rochsburg in den Jahren von 1992 bis 2016. Dabei sind wesentliche, neue Erkenntnisse über die Baugeschichte der Burg und insbesondere der Kapelle zutage getreten.

Donath widmet sich der Erforschung der Wissensgeschichte des Bauens von der Untersuchung der Baustruktur mittelalterlicher Gebäude, ihrer werkmeisterlichen Planung bis hin zur Organisation der Bauhütten.
Der studierte Architekt und Bauingenieur ist Ehrenmitglied des Instituts für Diagnostik und Konservierung von Baudenkmalen, der Koldewey-Gesellschaft für Bauforschung sowie der Europäischen Vereinigung der Dombaumeister. In seinen zahlreichen Publikationen spiegelt sich nicht nur die Vielfalt der behandelten Themen wieder, sondern ein weiter Erfahrungshorizont, der sich über den durch zahlreiche Studienreisen erschlossenen Orient und Persien, die präromanische Kunst Spaniens bis hin zu den Höhepunkten romanischen und gotischen Bauens in Mitteleuropa spannt.

Bibliografische Information der Deutschen Nationalbibliothek:
Die Deutsche Nationalbibliothek verzeichnet diese Publikation in der Deutschen Nationalbibliografie; detaillierte bibliografische Daten sind im Internet über www.dnb.de abrufbar.

IMPRESSUM

Gestaltung: Donatus-Verlag
Verlag: Donatus-Verlag, Niederjahna
Herstellung: BOD Norderstedt, Books on demand
ISBN: 978-3-946710-45-5
www.donatus-verlag.de

Inhaltsverzeichnis

Schlosskapelle zu Rochsburg. bez.: N. d. Nat. gez. v. W. Wegener. Steindr. v. I. H.Ketzschau, Dresden. [o. J.] Aus: Sachsens Kirchen-Galerie. Die Inspectionen: Penig, Rochlitz, Colditz und Waldheim. (Dresden: Hermann Schmidt 1843), Bd. 10.

DIE BURG IN DER ZEIT DER SPÄTGOTIK

Mit dem Obermarschall Hugold - auch Haubold - IV. von Schleinitz (1425–1490) setzte im Jahre 1470 der wohl prominenteste Besitzer seinen Fuß in die hoch oben über einer Schleife der Zwickauer Mulde auf einem Felssporn errichteten mittelalterlichen Burganlage. Er hatte Burg und Herrschaft Rochsburg von den damals noch gemeinsam regierenden wettinischen Brüdern, Kurfürst Ernst (1441–1486) und Herzog Albrecht (1443–1500), als Pfand erhalten. Diese war 1458 in deren Besitz gelangt. In seiner Funktion als Obermarschall war Hugold faktisch der mächtigste Funktionsträger am Hof der Wettiner und besaß das uneingeschränkte Vertrauen des Kurfürsten Ernst. Und so agierte er auch! Seit 1465 hatte er bereits das benachbarte Kriebstein inne und folglich ein ganz besonderes Interesse an Rochsburg. An beiden Burgen verfolgte Hugold mit ganzer Kraft ehrgeizige Umbauprojekte, zu deren Umsetzung er den aus der in Leipzig ansässigen Familie Westfalen stammenden Baumeister Arnold[1] beauftragte. Dieser war 1471 von Kurfürst Ernst und Herzog Albrecht zum obersten landesherrlichen Werkmeister einer neu geschaffenen staatlichen Bauverwaltung berufen worden. Von Arnold kennen wir das Steinmetzzeichen aus dem Dritten Turmgeschoss des Meißner Doms bzw. von einem Kontrakt, den er mit seinem Zeichen auch gesiegelt hat. Zunächst war Arnold von Westfalen für alle großen Schlossbauten der Wettiner zuständig. Mit dem Schloss in Meißen (seit 1676 Albrechtsburg) prägte er den frühneuzeitlichen Schlossbau und entwickelte eine neuartige spätgotische Formenwelt, die von Sachsen ausgehend weitreichende Auswirkungen auf die europäische Architektur hatte. Unter anderem geht auf ihn der Umbau des Residenzschlosses in Dresden zurück, bei dem er die älteren Gebäudetrakte zu einer geschlossenen Vierflügelanlage zusammenfasste.

Abb. 1: Steinmetzzeichen von Arnold von Westfalen auf einem Kontrakt von 1479, aus: C. Gurlitt: Beschreibende Darstellung. 40. Bd., Meißen (Burgberg), S. 192.

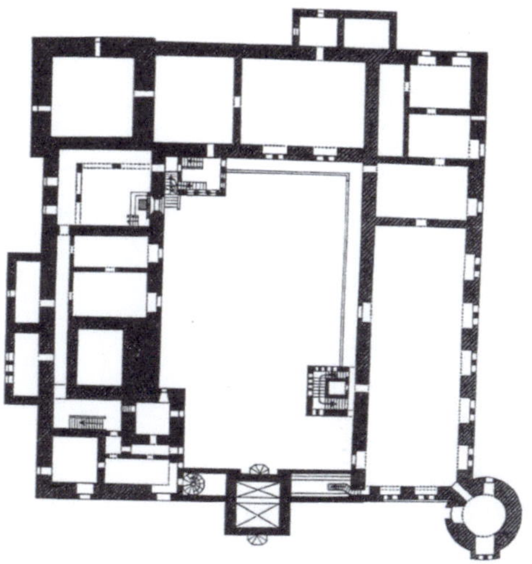

Abb. 2: Dresden, Residenzschloss: Grundriss der Vierflügelanlage um 1500.

1 Matthias Donath: Arnold von Westfalen. In: Sächsische Biografie, hrsg. vom Institut für Sächsische Geschichte und Volkskunde e.V., Online-Ausgabe http://www.isgv.de/saebi.

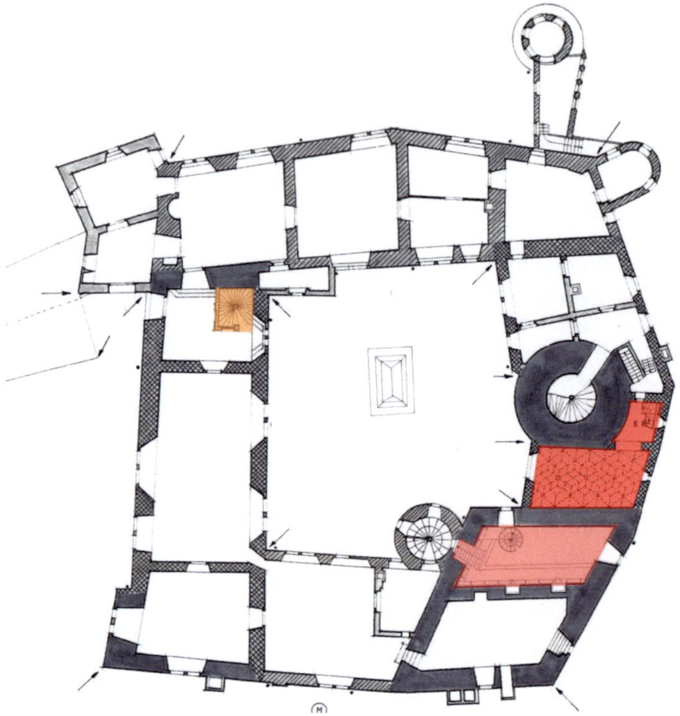

Abb. 3: Schloss Rochsburg, Grundriss der Vierflügelanlage der Kernburg (ocker: Wendelstein im Westflügel, rot: Schlosskapelle, hellrot: Kapellen-Seitenraum, beide im Ostflügel). Auszug aus dem Masterplan zur Restaurierung, Zeichnung Architekturbüro Donath, 1994.

Es zeugt vom großen Selbstbewusstsein Hugolds, dass er nun einen Landesbaumeister in seine Dienste stellte. Den Bautyp der Vierflügelanlage übertrug Arnold auch nach Rochsburg, indem er sie von einer mittelalterlichen, überwiegend fortifikatorisch geprägten Burg zur frühneuzeitlichen Residenz umwandelte. Zwischen 1472 und 1475 weilte er in Rochsburg, wo er zwischen seinen übrigen Baustellen im Lande hin und her pendelnd, die getreuliche Umsetzung seiner innovativen Architekturideen überwachte. Die Baumaßnahmen an der Burg mit der Zusammenfassung der älteren mittelalterlichen „Konglomeratbauten“ zu einer kompakten Vierflügelanlage belegen, dass das mutmaßlich aus Burgund importierte Ideal und mit dem Dresdner Schlossbau vorgeprägte Muster der Regularisierung der Baukörper um einen Binnenhof inzwischen auch vom sächsischen Hof angestrebt wurde; Rochsburg wird in den jüngeren kunstwissenschaftlichen Forschungen dafür als beispielgebend angesehen.[2]

2 Stephan Hoppe: Raumgestalt und Raumfunktionen im Kontext von älterer Residenztradition und beginnender Renaissance. In: Wittenberg-Forschungen Bd. 5. Das Ernestinische Wittenberg. Petersberg 2020, S. 69-70. Ders.: Translating the Past: Local Romanesque Architecture in Germany and Its Fifteenth-Century Reinterpretation. In: Enenkel, Karl A. E. und Ottenheym, Konrad A. (Hrsg.): The quest for an appropriate past in literature, art and architecture, Leiden 2019, hier insbes. S. 515-517.

Abb. 4 a: Schloss Rochsburg, offener Wendelstein im ersten Obergeschoss des Westflügels

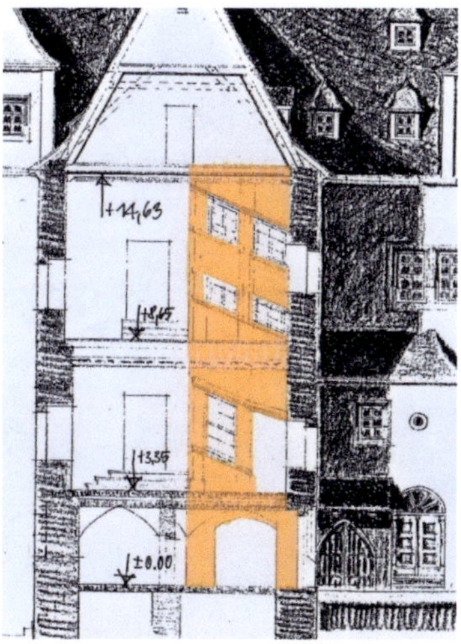

Abb. 4 b: Schloss Rochsburg, im Westflügel über quadratischem Grundriss aufgeführter und innen angeordneter Wendelstein. Schematische Darstellung: Architekturbüro Donath, 2005.

Für den Westflügel der Burg entwarf Arnold einen aus Platzgründen nach innen gelegten Wendelstein, der - nicht wie im Meißner Schlossneubau vor der Hauptfassade - sondern im Winkel zwischen Nord- und Westflügel angeordnet wurde. Große Öffnungen zu den Innenräumen hin verleihen dem über einem quadratischen Grund von ca. drei mal drei Meter entwickelten Wendelstein ein ganz neuartiges Bild, dessen filigrane konstruktive Lösung sich deutlich abhebt von den bisher an sächsischen Burgen gebauten Treppentürmen. Die Skelettarchitektur ermöglichte es, dieses „Gehäuse“ zu den Innenräumen hin zu öffnen und somit das Begehen der Treppe durch die Herrschaft regelrecht zu inszenieren.

Ein kräftiger, profilierter Eckpfeiler erhebt sich im ersten Obergeschoss über einem markanten, blockhaften Sockel und reicht bis zur Decke über dem zweiten Obergeschoss. In die Fläche sind kleine profilierte Säulchen eingestellt. Schräg verlaufende, der Treppensteigung folgende Handläufe schließen die gemauerten Brüstungen nach oben hin ab. Die so wie bei einem Fachwerkbau durchgebildete Struktur aus den Porphyrwerksteinen „Eckpfeiler - Mittelsäulchen - schräger Handlauf - schräger Sturzträger“ ist mit Backsteinen ausgemauert. Die hier ausgeführte Baukonstruktion mutet wie ein vorweg genommenes 1:1-Modell des Meißner Wendelsteins an, denn auch sie bricht mit bislang üblichen baukonstruktiven Denkmustern. Das Auflösen massiver Baukompartimente in ihre tragenden Teile („Skelett“) und nichttragende (Füll-)Flächen setzt voraus, daß sich der Entwerfende über Größe, Richtung und Verlauf der Kräfte im Klaren war. Auch am Meißner Wendelstein wandte Arnold von Westfalen dieses „vektorielle“ Bauprinzip analog an (Abb. 5) und dokumentierte damit sein hochgotisches Bauwissen. Wahrscheinlich war die gesamte Konstruktion steinsichtig konzipiert, mit einer roten Lasur (steinfarb) und einem idealiter aufgelegtem Fugenbild überzogen.

Von diesem geschilderten Bauprinzip weicht nur die Durchbildung des Erdgeschoss-Sockels der Treppe ab. Hier gibt es den schlichten Durchgang zum Wendelstein vom Vorraum aus. Seitlich öffnet sich

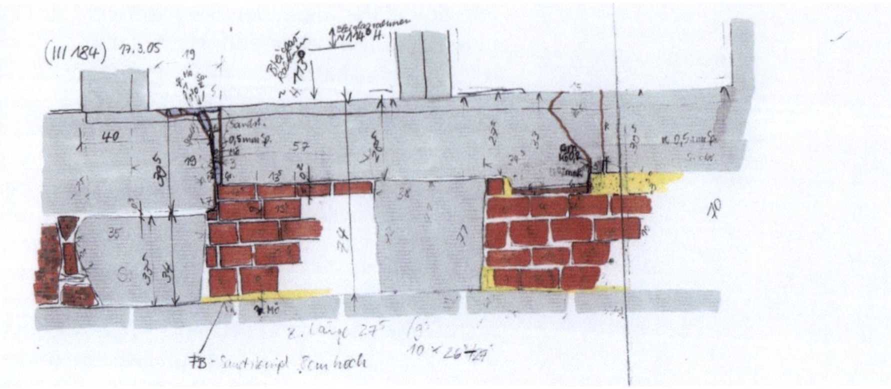

Abb. 5 Meißen, Schloss (Albrechtsburg), Großer Wendelstein, fachwerkartig aufgelöste Baustruktur mit lastableitenden Konstruktionsgliedern und Gefachen. Aufmaß Günter Donath, 2005.

das Treppengehäuse durch eine von einem Segmentbogen überspannte Öffnung zur Erdgeschosshalle hin. Damit folgt der Wendelstein einer Hierarchisierung der Geschosse: dem Erdgeschoss mit seinen Wirtschaftsräumen wurde eine geringere Bedeutung beigemessen gegenüber den beiden Hauptgeschossen mit den Rittersälen bzw. der Neuen Kemenate, die ganz eindeutig der Repräsentation dienten. Der Zugang zum Wendelstein von außen wird durch ein ganz eigenartiges, reichhaltig ausgeziertes Portal betont, das mit seinen beiden Sitznischen und den *a jour* gearbeiteten Baldachinen schon Formen der beginnenden Renaissance vorwegnimmt, während der Kielbogenabschluß mit seinen Maßwerkblenden mehr an die Architekturformen der nahezu zeitgleich ausgeführten spätgotischen Rochlitzer Kunigundenkirche erinnert. Die Baldachine sind nicht ganz fertig durchgearbeitet; ihre stehengebliebenen Bossen sind ein „eingefrorener" Moment im spätgotischen Bauablauf (Abb. 6 a).

Die auffallende Ähnlichkeit eines der Steinmetzzeichen zu dem Arnolds von Westfalen lässt vermuten, dass es sich hier um seinen Parlier handeln könnte. Zumindest war derjenige von Anfang an

Abb. 6 a: Schloss Rochsburg, Portal am Westflügel. Spätgotischer Baldachin mit Kielbogenformen.

Abb. 6 b: Steinmetzzeichen 23; Katalog der Steinmetzzeichen, Architekturbüro Donath (auch in Meißen am Großen Wendelstein kartiert, Zeichen 9; s. Gurlitt, S. 433).

Abb. 7: Westflügel, Hofseite, Befund der spätgotischen Putzfassung (weiß) und der Steinlasur (rot) an den Fenstergewänden mit den für die spätgotische Bauphase charakteristischen Eck-Überstäbungen der Profile.

bis zum Ende der Arbeiten 1488 beteiligt, denn sein Zeichen (Abb. 6 b) findet sich sowohl ganz unten am Portal als auch an den oberen Werksteinen des Wendelsteins; ebenso in Meißen.

Für besonders ausgezeichnete Architekturteile wie die fein profilierten Gewände der Fenster und Portale, die Gesimse und die Eck-Quaderung der Gebäude wählte man traditionell den im bergfrischen Zustand gut bearbeitbaren roten Rochlitzer Porphyrtuff und - falls man einen Farbwechsel beabsichtigte - den hellrotgelblichen Tuffstein aus den Brüchen vom Zeisigwald bei Chemnitz, während das Mauerwerk in dem anstehenden Bruch- und Haustein aus Phyllit (Tonglimmerschiefer) ausgeführt wurde. Ein kleines Detail verrät, wie man sich die Fassadengestaltung nach Arnolds Plänen vorstellen muss: der Fassadenputz war ein rauher Kellenputz, weiß gekalkt, an die Gewände herangeführt. Auf den profilierten Gewänden mit ihren charakteristischen Eck-Überstäbungen lag ein mit Porphyrmehl im roten Lasurfarbton eingefärbter, geglätteter Mörtel als Begleitband, der die seitlichen Unregelmäßigkeiten der Werksteine der Gewände verdecken und den Fenstern damit eine gerade Rahmung verleihen sollte. Das ist auch die Befundgrundlage für die Rekonstruktion der Putzfassaden.

Mit den Arbeiten, die sich über das Haupttor, dem Umbau vor allem vom Westflügel mit dem charakteristischen Tunneltor, dem Ostflügel mit Schwarzküche und Kapelle zu beiden Seiten des Bergfriedes bis hin zum Bau einer Rohrleitung zur Wasserversorgung der Burg erstreckten, war es ein gewaltiges Bauvolumen, das hier bewältigt werden musste: Aus verschiedenen Urkunden kennen wir genau die Zahl der ständig beschäftigten Bauhandwerker (etwa 30; davon Steinbrecher, mindestens sechs Steinmetze, Maurer, Helfersknechte, Zimmerleute, Ziegelstreicher, Vorarbeiter und Wagenknechte) und Frondienstarbeiter sowie die Baukosten in einem Umfang von 8.600 Gulden, was bereits mehr als das Doppelte der Pfandsumme darstellte![3] 1475 erhielt Meister Arnold einen Wochenlohn von 15 Groschen - drei Groschen mehr als auf der Baustelle des Landesherrn in Meißen! - dazu ein Dienstpferd, zweimal jährlich ein Hofgewand und kostenfreie Verpflegung.

Abb. 8: Schlosskapelle Ostflügel der Kernburg. Fassadenabwicklung und Zeichnung: Architekturbüro Donath, 1997.

Glanzstück für die höfischen Repräsentationen sollte jedoch die Schlosskapelle werden! In die Baulücke zwischen dem mittelalterlichen Bergfried und dem Wohnturm der Alten Kemenate im neuen Ostflügel der Kernburg fügte Arnold - die topographische Situation geschickt ausnutzend - einen 8,1 ... 8,8 x 4,6 Meter messenden, im Grundriss leicht trapezförmig verschobenen und etwa 10,2 Meter hohen, blockartigen Saalraum als neue Schlosskapelle ein. Bereits in frühmittelalterlichen Synoden war es dem Adel kirchenrechtlich gestattet worden, in eigenen Oratorien die Messe feiern zu lassen.[4] Während die Quellen bis dahin mehr von einer *„ecclesia"* oder einer *„basilica"* sprachen, so setzte sich im 12. Jahrhundert immer mehr der Begriff *„capella"* durch. Seitdem gehörte diese für die seelsorgerische Betreuung der Herrschaft und der übrigen Burgbewohner zum unverzichtbaren Bau- und Raumprogramm einer Burg und ist so auch für unsere sächsischen Burgen tradiert. Ihre besonders kostbare Ausstattung war ein vordringliches Anliegen der Herrschaft und galt als Zeichen besonderer Frömmigkeit und der Repräsentation.

Um dabei eine ästhetisch befriedigende Lösung für die Nord-

---

3 Thieme, Andre: Im Spannungsfeld von Adels- und Landesherrschaft. In: Donath, Matthias (Hrsg.): Schloss und Herrschaft Rochsburg, Beucha 2006, S. 23. Ausführlich zum spätgotischen Schloss: Matthias Donath: Schloss Rochsburg und der sächsische Schlossbau des 15. und 16. Jahrhunderts, S. 59 ff.

4 Marius Winzeler führt dazu das „Concilium Agathense 680/681" (Anm. 21, S. 36) an; so auch immer wieder unkritisch kolportiert. Diese Angabe kann aber insofern nicht stimmen, da das Konzil von Agde bereits im Jahre 506 stattfand, in den Jahren 680/681 hingegen das III. Konzil von Konstantinopel durchgeführt wurde. In beiden Konzilsberichten ist jedoch nichts über die Einrichtung von Oratorien vermerkt. Halten wir es deshalb lieber mit Gerhard Streich: „Eine genaue Datierung, ab wann Burgkapellen zum ersten Mal vorkommen, gibt es nicht. Erst gegen Ende des 8. Jahrhunderts, im Zusammenhang mit Auseinandersetzungen der Franken und Sachsen und auch im Verlauf der Christianisierung der Gebiete, hören wir von der Existenz von Burgen." In: Burg und Kirche während des deutschen Mittelalters. Untersuchungen zur Sakraltopographie von Pfalzen, Burgen und Herrensitzen, Teil I. Sigmaringen 1984, S. 72 ff.

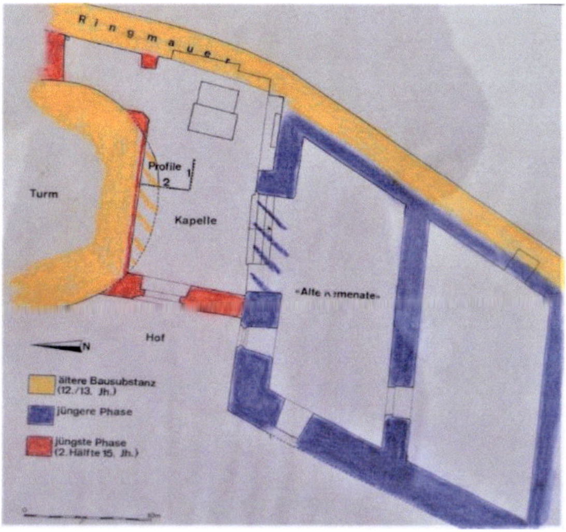

Abb. 9 a: Schloss Rochsburg, BauaItersplan mit bauarchäologischen Befunden zur Situation in den 1470er Jahren. Gelb: ältere Bausubstanz 12./13. Jahrhundert; blau: jüngere Phase; rot: jüngste Phase (zweite Hälfte 15. Jahrhundert).

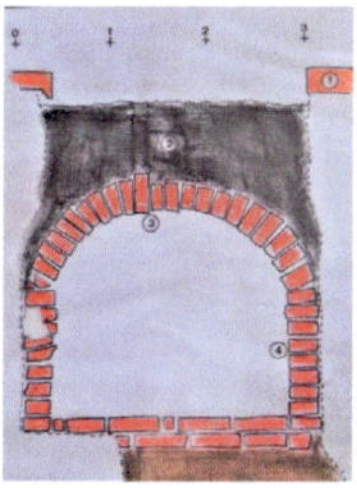

Abb. 9 b: Schnitt durch den gewölbten Raum unter dem Kapellenfußboden. Aus: Grabungsdokumentation von Robert Hofmann und Wolfgang Schwabenicky, 1997.

wand der Kapelle zu erhalten, musste zuerst das störende Bruchsteinmauerwerk des weit in den künftigen Kirchenraum hineinragenden Bergfrieds abgearbeitet werden. Die Maurer hatten zudem noch die alte Ringmauer im Osten zu berücksichtigen; sie bauten nahezu ein halbes Jahr an den Substruktionen der Kapelle. Der so entstandene neue Sakralraum war traditionell geostet und wurde der heiligen Anna[5], der Schutzpatronin der Bergleute, geweiht.[6] Denn der Bauherr wusste schon, dass er seinen Wohlstand nicht zuletzt den reichen Silberfunden im Erzgebirge zu verdanken hatte, wo ihr sogar eine ganze Stadt gewidmet wurde!

Der Raum zwischen dem Bergfried und der alten Ringmauer wurde für den Einbau einer Herrschaftsempore genutzt. Zum Erdgeschossraum der Alten Kemenate wurde in deren Nordwand – möglicherweise unter Ausnutzung einer bereits vorhandenen Öffnung – ein Durchbruch angelegt, so dass dadurch die Kapelle einen Nebenraum erhielt. Die hofseitige Fassade der Kapelle wurde neu aufgeführt und war geprägt durch ein spitzbogiges Kapellen-Portal mit einem reich profilierten Gewände (mit Steinmetzzeichen im Scheitel). Über einem Kaffgesims steilt ein dreibahniges Fenster auf, dessen Couronnement als Dreischneuß jedoch aus einer jüngeren Bauphase stammen muss.[7] Für Arnolds ausgeprägten Personalstil wäre diese Formensprache jedenfalls ganz untypisch gewesen; das beweisen die im Meißner Schloss, der Wolfgangskirche oder der Rochlitzer

5 Anna, die Mutter Mariens, war das Familienideal des späten Mittelalters. Darstellungen der Anna selbdritt breiteten sich rasch aus. Die Vorstellung von der *mulier fortis*, der starken Frau, befördert durch die Lesungen der Liturgie am 26. Juli, dem Annafesttag, machte sie zur Patronin von Zünften und von Handels- und Gewerbetreibenden; sie wurde vor allem um die Vermehrung des Reichtums angerufen. Dies führte zum Schriftwort vom „Schatz im Acker" (Matth. 13, 44) und daraus resultierend dazu, daß Anna zur Patronin der Bergleute wurde. Ihre Verehrung setzt in Sachsen erst wenige Jahrzehnte vor der Reformation ein. Heinrich von Schleinitz (1483–1522), Abt des Benediktinerkloster in Chemnitz, war ein großer Verehrer der heiligen Anna.

6 Herbert Helbig: Untersuchungen über die Kirchenpatrozinien in Sachsen auf siedlungsgeschichtlicher Grundlage, in: Oskar Rössler (Hrsg.): Historische Studien, Heft 361. Berlin 1940, S. 305.

7 1992 ist das Maßwerk angeblich „nach Befund" neu geschaffen worden, nachdem bereits 1842 das originale Maßwerk wegen Baufälligkeit ausgebaut worden war. Seitdem war dort ein rundes Holzfenster mit radialen Sprossen eingesetzt (vgl. auch Abb. 41).

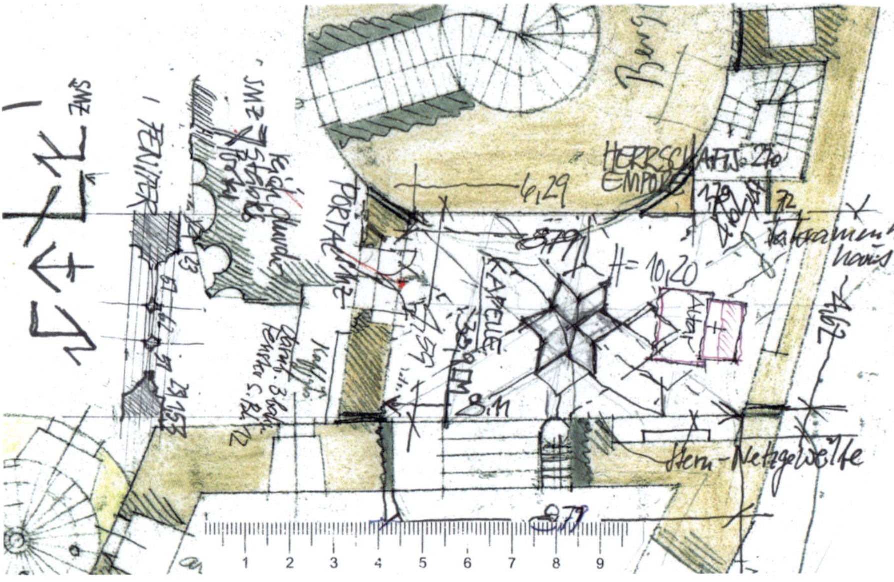

Abb. 10: Schloss Rochsburg, Grundriss der Schlosskapelle, Skizze zur Bauaufnahme, Architekturbüro Donath, 1993.

Schlosskapelle ausgeführten Lösungen.[8] Diese beiden Elemente - das reich verzierte Portal und das in den Burghof hineinwirkende Kirchenfenster - betonten als architektonische Akzente die Sakralität dieses Ortes und ermöglichten es, den Gottesdienstbesuch als höfisches Zeremoniell darzustellen.

In der zum Wallgraben hin orientierten Ostfassade war nur ein schmales, hochrechteckiges Fenster vorgesehen, das zwar für die Belichtung des Raumes keine weitere Bedeutung hatte, aber liturgisch notwendig war für die Ostung des Raumes und die Erlebbarkeit der ersten Lichtstrahlen der aufgehenden Sonne z. B. in der Osternacht. An der Außenseite der Burg ist die Kapelle - denkbar wäre ja auch der Bau eines kleinen vorkragenden Chörleins - nicht besonders betont; man kann die hier vorgesehene Raumfunktion anhand der andersartigen Form des Fensters nur erahnen.

Wie der von Arnold von Westfalen einst geplante Raumabschluss ausgesehen hat, wissen wir nicht. Durchaus vorstellbar und überhaupt nicht abwegig wäre ein mit oder ohne Rippen unterlegtes Zellengewölbe. Der Bau von Zellengewölben war eine der „Erfindungen" Arnolds von Westfalen, die er in den Räumen des Schlosses in Meißen in den verschiedensten geometrischen Ausformungen regelrecht zelebrierte. Für die zweischiffige Halle der St. Wolfgangskirche in Meißen, die von Arnold gleichsam als „Experimentalbau" gedacht war und wo er die Handwerker

8 Vgl. dazu Cornelius Gurlitt: Kunst und Künstler am Vorabend der Reformation, Halle 1890, S. 81.

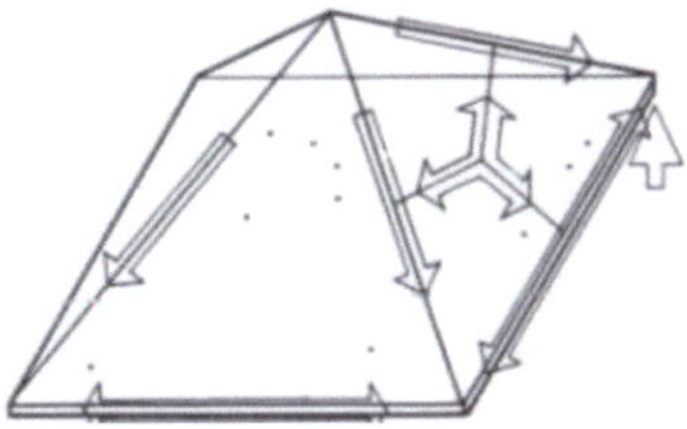

Abb. 11 a: statisches Prinzip der dreifachen Tragwirkung einer pyramidischen Faltung.

Abb. 11 b: Meißen, Albrechtsburg, Beispiel für ein der Geometrie der Rochsburger Schlosskapelle ähnlich weit gespanntes Zellengewölbe im zweiten Obergeschoss des Westflügels, nach Plänen von Arnold von Westfalen um 1485 ausgeführt.

auf die noch ungewohnten Ausführungsdetails einüben konnte, hatte er Zellengewölbe konzipiert, deren Geometrie - insbesondere ihre Stützweite - der Rochsburger Kapelle ähnelten. Die Einwölbung der Wolfgangskirche wurde bis auf die Zellengewölbe im Südanbau zwar nie komplett ausgeführt, aber mit den vorbereiteten Anfängern im Aufgehenden und den Fundamenten der Freipfeiler im Schiff ist die Absicht einer später geplanten Einwölbung der Kirche erkennbar.[9]

Ein Zellengewölbe ist sparsamer zu errichten als ein klassisches Rippengewölbe, weil man keine vollflächige aufwändige Schalung benötigt, sondern nur entlang der Grate der Zellen lineare Lehrgerüste errichtet. Auch die Kappen des Zellengewölbes müssen nicht eingeschalt werden, sondern können frei gemauert werden. Das Gewölbe trägt sich beim Mauern der Kappen schon selbst. Es war seinerzeit ein hochmodernes Wölbsystem, das in den jeweils aktuellen Bauvorhaben von Adel und Klerus der Effizienz in der Baudurchführung wegen und in seiner Neuartigkeit der durch die „kristalline Struktur“ der Raumschale hervorgerufenen Modulation des Lichtes sofort aufgegriffen wurde und sich rasch verbreitete.

Ganz einschneidende Ereignisse wie der plötzliche Tod Arnolds von Westfalen 1482 in Meißen und die für Hugold von Schlei-

9 Günter Donath: Provenienz und konstruktive Durchbildung ausgewählter Zellengewölbe in Kaaden und Komotau. In: Renáta Gubíková und Markéta Prontekerová (Hrsg.): Josef Opitz und die Kunst im Komotauer und Kaadner Land 1350-1590. Chomutov 2014, S. 345-356. Ders. in: Monumenta Misnensia. Jahrbuch für Dom und Albrechtsburg in Meißen. 11 (2013/2014).

nitz verhängnisvolle Landesteilung zu Leipzig 1485, in deren Folge Herrschaft und Schloss Rochsburg nicht seinem Gönner Kurfürst Ernst, sondern Herzog Albrecht zugeschlagen wurden, brachten das ambitionierte Bauprojekt ins Stocken. Der Herzog forderte die Burg nun gegen einen geringen Rückkaufpreis zurück und setzte zunächst Amtmänner ein. 1490 starb Hugold IV. von Schleinitz auf seiner Burg Kriebstein. Hinzu kam 1503 ein verheerender Brand, der offenbar auch die Schlosskapelle betraf. Grabungen in der Kapelle (Schnittführung ist in Abb. 9 a mit den Profilen 1 u. 2 dargestellt) ergaben, dass die Substruktionen offenbar als Lager genutzt wurden, denn über einem Fußboden aus sechseckigen Tonplatten fanden sich Reste von Vorratsgefäßen, Küchengeschirr und Trinkbecher. Die darüber befindliche Brandschicht mit Dachziegeln einer Mönch-Nonne-Deckung neben Dachschiefer belegt die Zerstörung der Kapelle durch den Brand. Noch 1503 erhielten Heinrich und Götz von Ende (1449-1527) im Zuge eines Tausches Rochsburg; Götz war der Schwiegersohn Hugolds von Schleinitz. Für eine künftige verheißungsvolle Entwicklung und Nobilitierung des neuen Besitzes war die Durchführung von Gottesdiensten der Hofgesellschaft und ihrer Gäste in einer neuen Schlosskapelle unerläßlich.

Abb. 12: Wappen der Familie von Ende.

Um diese nach dem Brand wieder herzurichten, ließen die beiden neuen Besitzer den Steinmetz Caspar Krafft auf die Burg kommen und beauftragten ihn, die technische und künstlerische Ausarbeitung zum Wiederaufbau der Kapelle zu übernehmen. Kraffts bisherige Arbeiten scheinen den Bauherren sicher bekannt gewesen zu sein und sie müssen ihm schließlich die Durchführung der Arbeiten in der Nachfolge Arnolds auch zugetraut haben. Über die Herkunft Kraffts wissen wir heute nur wenig; auch nicht, wie der Kontakt zustande gekommen ist.

Alle Nachforschungen zu seinen frühen Jahren liefen bisher ins Leere. Der Hallesche Rats-Archivar Rolf Hünicken glaubte belastbare Hinweise gefunden zu haben, dass Krafft im letzten Viertel des 15.Jahrhunderts im Rochlitz-Rochsburger Umfeld gelebt hat. Er schrieb: „*Kraffts* [beruflicher] *Aufstieg ist ohne die Mitgift seiner Rochlitzer Heimat - sei es nun die Stadt selbst oder das benachbarte Rochsburg - nicht denkbar; er war das Endprodukt einer jahrhundertealten Kunsttradition, deren sichere menschliche und soziale Fundierung nichts deutlicher zeigt als die berühmte Rochlitzer Steinmetzordnung von 1464.*“[10]

Bei dieser „Verortung“ Caspar Kraffts nahm Hünicken u. a. Bezug auf eine urkundliche Nachricht, nach der Krafft 1532 „*gemeinsam mit den Steinmetzen Martin Lindener und Heinrich Betz die Vermögensverwaltung eines ihnen offenbar bekannten Rochlitzer Bürgers, der ins Ausland gegangen war, übernommen*

10 Hünicken, Rolf: Die Marktkirche zu Halle und ihr Erbauer Caspar Kraft. In: Jahrbuch der Denkmalpflege in der Provinz Sachsen und in Anhalt 1933/34, S. 59-74.

hatte sowie seine mögliche Teilnahme am Hüttentag in Halle".[11] Im Mai 1518 war Halle zum Versammlungsort der gesamten deutschen Steinmetzorganisationen geworden. In der Zusammenkunft musste unter anderem über einen Streitfall der Bauhütten entschieden werden; das Ereignis ist als „Annaberger Hüttenstreit" in die Geschichte eingegangen.[12] Klägerin im Verfahren war die Magdeburger Hütte mit ihrem Werkmeister Bastian Binder. Jakob Heilmann (1475–1524) – Schüler Benedikt Rieds, 1515 von Herzog Georg von Sachsen zum Werkmeister von St.Annen in Annaberg berufen – und die Vertreter der sächsisch-böhmischen Hütten hatten als Angeklagte beim Verfahren zu erscheinen, denn beim Bau der Annenkirche war der Bildhauer Franz Maidburg mit Gesellen tätig gewesen, die nicht traditionell in einer Hütte ausgebildet waren; darüber hinaus vertraten sie völlig neue Stilelemente (sic!). Der Werkmeister der Würzburger Hütte war beauftragt worden, das Verfahren durchzuführen. Würzburg lag als „süddeutsche" Haupthütte den mitteldeutschen am nächsten; Halle wiederum unterstand der Landesherrschaft des Erzbischofs von Magdeburg, weshalb der Ort auch im Zuständigkeitsbereich der klagenden Hütte lag. Zudem bot sich Halle – zwischen Magdeburg, Annaberg und Würzburg strategisch günstig gelegen – als Gerichtsort an.

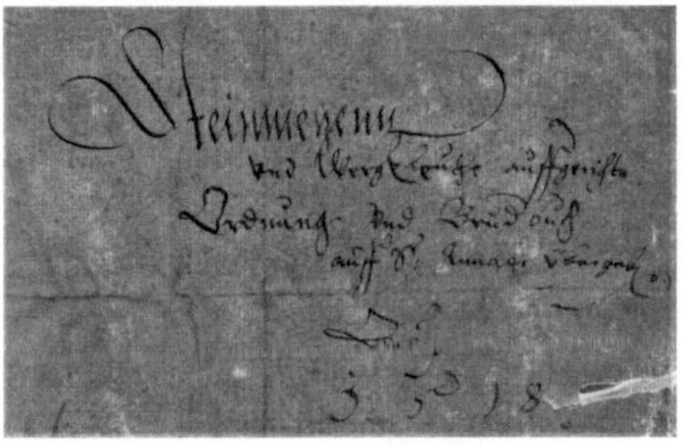

Abb. 13: Detail der Akte vom Hüttentag, 1518 (Bürger, Anm. 12, Tafel 1, S. 405, Original im HStA Dresden, Geheimer Rat, Loc. 8746/2).

Dieser Konflikt wurzelte jedoch in einer langen Vorgeschichte: Straßburg galt in dieser Zeit mit einer 1459 verfassten reichsweiten Bauordnung als richtungsweisend. Das obersächsische Bauwesen hatte sich jedoch nicht den Regeln der selbsternannten Straßburger Oberhütte untergeordnet, sondern sich 1464 mit der Rochlitzer Ordnung eine eigene, durch Kurfürst Friedrich dem Sanftmütigen (1412–1464) rechtskräftig bestätigte Bauordnung gegeben.[13]

Das selbstbewusste Auftreten des sächsisch-böhmischen Hüttenverbandes war den übrigen Hütten des Reiches ein Dorn im Auge. Auch bei diesem Treffen kam es zu keiner Befriedung des Zwistes. Als ziemlich sicher ist jedoch anzunehmen, dass der Werkmeister Caspar Krafft als Vertreter der Rochlitzer Werkleute am Hüttentag, bei dem *„andert halbhundert redelicher*

11 Hünicken, Rolf: Halle in der mitteldeutschen Plastik und Architektur der Spätgotik und Frührenaissance 1450–1550. In: Studien zur thüringisch-sächsischen Kunstgeschichte. Heft 4. Halle 1936, S. 92-97.

12 Stefan Bürger (Hrsg.) Werkmeister in Konflikt. Leipzig 2020. Ebd.: Der Annaberger Hüttenstreit, S. 110-129.

13 W. Clemens Pfau: Die Rochlitzer Hüttenordnung mit Vorstudien und Beilagen. Hefte des Vereins für Rochlitzer Geschichte I. Rochlitz 1896. Es wurden von den anderen Hütten immer wieder Vorwände gesucht, dieses Privileg auszuhebeln – bis sich der sächsische Herzog Georg als „Konfirmator" der Ordnung schließlich diese Einmischungen sowohl beim Erzbischof als auch bei der Straßburger Haupthütte auf das Schärfste verbat.

wercklewte und gemeyne Steinmetczen“[14] zusammenkamen, am Disput mit seinen Kollegen teilgenommen hat. Offenbar gingen aber wichtige Impulse für die Entwicklung spätgotischer Bauformulierungen von dort aus, in deren Folge Halle seine Sogwirkung für die Steinbildhauer des Reiches entfalten sollte.

Aus der Krafft'schen Bauphase der Kapelle in dieser Zeit stammt sicher das etwa drei Meter hohe, filigrane Sakramentshaus an der Nordostecke des Raumes. Es ist in die Baustruktur eines bereits bestehenden Wandpfeilers eingefügt und lässt ganz die

Abb. 14 a,14 b Schloss Rochsburg, Schlosskapelle: Sakramentshaus (um 1518), Situation 2017.

Abb. 15: Schloss Rochsburg, Schlosskapelle: Platten mit Blendmaßwerk (um 1518).

14 Anke Neugebauer: Der Werkmeister Bastian Binder aus Magdeburg. In: Bürger, Werkmeister ... (Anm. 12), S. 152.

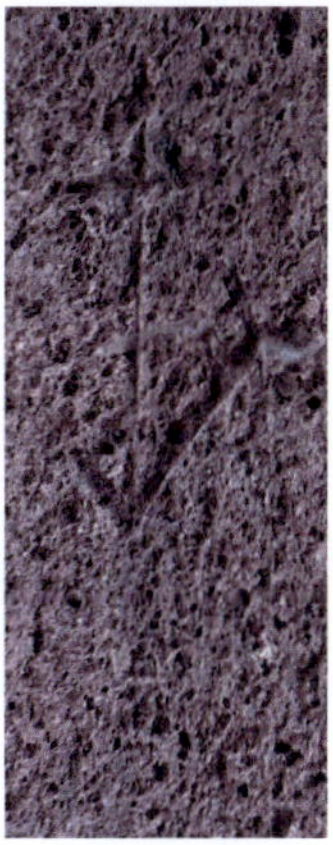

Abb. 16 a: Steinmetzzeichen im Fenstergewände. Weitere Steinmetzzeichen des Werktrupps um Caspar Krafft siehe Abb.10.

Abb. 16 b: Schloss Rochsburg, Schlosskapelle: dreibahniges Fenster in der hofseitigen Fassade. Das Couronnement zeigt nach der Rekonstruktion 1992 einen Dreischneuß mit rotierenden Fischblasen.

bildhauerische Formensprache der Spätgotik erkennen: Das für die Aufbewahrung der in der Messe gewandelten Hostien gedachte Gehäuse wurde wie eine Kirchenfassade mit dem typischen Blendmaßwerk und seitlichen Fialtürmchen gestaltet; die rechteckige Öffnung im Gehäuse ist durch ein kunstvoll geschmiedetes Gitter verschlossen und der Unterbau ist mit zwei farbig ausgelegten Wappen der beiden Stifter, Götz von Ende und seiner Gemahlin, Katharina von Schleinitz, geschmückt. Auch stammen drei etwa 0,95 x 1,0 Meter messende Porphyrplatten mit Blendmaßwerken, die entweder als Brüstungen einer Empore oder als Altarschranken verbaut waren, aus dieser Bauphase.[15] Die Herrschaftsempore war erhöht über einem Gewölbe angelegt. Davon sind aber nur noch wenige Spuren zu finden, denn im 17. Jahrhundert wurde es herausgeschlagen und durch hölzerne Emporeneinbauten ersetzt. Das obere Gewölbe ist noch vorhanden, jedoch durch einen hölzernen Einbau verdeckt. Möglicherweise hätte er auch das Couronnement des dreibahnigen Fensters in Analogie zu den Chorfenstern der Pirnaer Marien- oder zur Görlitzer Peterskirche ausgeführt; leider haben sich dafür keine Baubefunde erhalten. Das heute sichtbare Maßwerk stammt aus dem Beginn der 1990er Jahre. Allerdings sind die hier rekonstruierten „rotierenden Fischblasen“ ***das*** Stilmerkmal spätgotischer Maßwerke schlechthin und könnten somit auch auf Caspar Krafft zurückgehen.

15 Bei den Restaurierungsarbeiten 1997 im Kapellenfußboden geborgen; sie waren dort verkehrt herum und teilweise auch zerschlagen als Fußbodenplatten verlegt worden. Jetzt sind sie „didaktisch“ (erzählend) an der Kapellen-Nordwand aufgestellt und können dem Betrachter helfen, einen Sinnzusammenhang herzustellen.

„... von verständigen Bauleuten hoch gerühmet“

DIE WÖLBKUNST CASPAR KRAFFTS

Die große baumeisterliche Herausforderung war allerdings die Einwölbung des Raumes! Der trapezförmige Grundriss der Kapelle mit zwei nahezu parallel verlaufenden Längswänden ließ dafür mehrere Möglichkeiten zu: Zum Beispiel die Einwölbung mit einem Zellengewölbe oder durch ein wie auch immer gestaltetes Rippen- oder Kreuzgratgewölbe. Die vorwiegend durch Maurer ausgeführten Zellengewölbe schieden bei der Berufung des vom Steinmetz-Gewerke herkommenden Kraffts wohl von vornherein aus. Krafft sah jedoch im Bau eines Netzgewölbes eine Lösung, bei der sowohl der Schalungsbau auf das technisch erforderliche Minimum reduziert würde und die Gewölbekappen auch ohne Schalung frei ausgeführt werden könnten.
Konstruktiv wählte Krafft ein Rippen-Netzgewölbe in Verbund mit einem Tonnengewölbe. Netzgewölbe gehören zu den „figu-

Abb. 17 Schloss Rochsburg, Schlosskapelle, Netzgewölbe.

rierten Gewölben“ des Spätmittelalters, bei denen die Lineatur der Gewölberippen auf komplizierte Weise netzartig „verwoben“ ist. Bei Netzgewölben verschwinden die Gurtbögen, die Rippen *„fluten in gewundenen Reihungen“* (Günter Binding) über alle Jochgrenzen hinweg, so dass regelmäßige Abfolgen rautenartiger Felder (Maschen genannt) entstehen.[16] In der Regel gibt es dabei keine durchlaufenden Kreuz- oder Transversalrippen. Die Werksteine, an den sich Rippen kreuzen oder in verschiedenen Winkeln aufeinander treffen, werden landläufig „Knotensteine“ genannt. Rein dekorative Rippen, die nicht auf einem Auflager entspringen und nicht zu einem der Knotensteine hinführen, sondern zwischen stärkere Rippen eingespannt sind, heißen „Zwischenrippen“ oder „Lierne“. Die Rippen mit ihren Knotensteinen an den Kreuzungspunkten und mit den darüber liegenden gewölbten Mauerwerks-Kappen bilden im Verbund das tragende System, dessen Kräfte über die mächtigen Mauern der beiden Kapellen-Längswände abgetragen werden müssen.
Als Figuration der Rippen entwarf Krafft ein sehr dichtes Gewölbenetz, das er aus der Grundform eines in der Mitte des Wölbgrundes angeordneten sechsteiligen Sternes heraus entwickelte. Dieses Sternmotiv wiederholte er entlang der Mittellängsachse je ein weiteres Mal links und rechts der Mitte. Dadurch ergibt sich eine ganz systematische Reihung von Rauten entlang dieser Linie; die jeweiligen Anschlußbereiche zu den Stirnwänden der Kapelle werden dann mit Rauten gleicher Größe „gefüllt“. Je drei in gleicher Höhe angeordnete gefächerte Rippenanfänger ruhen auf den tragenden Längswänden der Kapelle, während an der Fensterseite aus den Ecken heraus geführte Diagonalrippen das Netz „zerschneidend“ bis zum jeweils dritten Anfänger durchlaufen. Im Bereich der Kapellen-Ostwand musste das Rippennetz wegen der Schrägstellung der Wand durch eine zusätzlich eingefügte Rippe ergänzt werden. Das Konzept ist so genial wie einfach! Das ordnende Prinzip der Gestaltung basiert eigentlich auf dem „Weglassen“ und Unterbrechen von Teilen der diagonalen Lineatur, wodurch die verschiedenen Figuren entstehen. Aber wie ist Krafft darauf gekommen?
Die Geschichte des Bauens basiert bis weit in die Moderne auf praxisnahen Wissenstraditionen der Handwerker. Der Technologie- und Wissenstransfer für Planung und Bau von figurierten Gewölben, die wahrscheinlich aus Schwaben über Konrad Schwab - der allgemein mit Konrad Pflüger († 1505), dem Parlier Arnolds von Westfalen am Meißner Schlossbau, identifiziert wird - nach Sachsen gelangt ist, erfolgte bereits in den 1490er Jahren. Ein monumentaler Auftakt bzw. Schlüsselbau war die Einwölbung der Peterskirche in Görlitz durch Pflüger. Für den dreischiffigen Neubau der Marienkirche in Pirna plante Peter (Ulrich) von Pirna

16 L. v. Willmann. In: Lueger, Otto: Lexikon der gesamten Technik und ihrer Hilfswissenschaften, Bd. 6 Stuttgart, Leipzig 1908, S. 607.

(um 1440–1514) gewaltige Netzgewölbe, die aber erst von seinem Nachfolger ausgeführt wurden. Rasch breitete sich dieser Gewölbetypus als moderne, bauplanerisch zwar anspruchsvolle, aber letztendlich nicht zu komplizierte und in der Ausführung effektive Technologie über das sächsische Landesbauwesen aus: Von Niederschlesien und der Oberlausitz bis an die Saale, vom Erzgebirge bis nach Halle, Torgau oder Wittenberg entstand „um 1500“ eine unglaubliche Zahl bedeutender Kirchenbauten, die nicht nur von der Gottesfürchtigkeit der Menschen damals und vom unglaublichen Reichtum der sächsischen Lande kündeten, sondern durch ihre Kunstfertigkeit bei der vielgestaltigen Figurationen der Gewölbe den Ruf dieser Region als Kunstlandschaft begründet haben.[17] Darin eingebettet sind ganz unikale und höchst anspruchsvolle baukünstlerische Leistungen, ohne deren stilgeschichtliche Analogie und Vorbildwirkung das Rochsburger Gewölbe nicht denkbar wäre: ab 1520 erfolgte u. a. die Einwölbung des Chores der Stadtkirche St. Wenzel in Lommatzsch mit einem Netzgewölbe, das im Südanbau sogar mit sechsteiligen Sternen versehen war[18], auch der polygonal geschlossene Chor der Rochlitzer Schlosskapelle (nach 1482 in der Nachfolge Arnolds vollendet) wurde mit einem sechsteiligen Stern überwölbt – alles Bauten, von denen Caspar Krafft sicher vor seiner Rochsburger Beauftragung Kenntnis hatte. In der zweiten Phase der Errichtung der Marienkirche in Pirna unter Markus Ribisch taucht übrigens das Steinmetzzeichen von Caspar Krafft beim Bau der östlichen Freipfeiler als Zeichen Nr. 32 mehrfach auf.[19] Auch das Detail der Rochsburger Gewölbe-Anfänger mit den aus der Wand „herauswachsenden“ und sich schwalbenschwanzförmig überschneidenden Rippen war nicht neu: bereits seit den 1470er Jahren wurden gekreuzte Linien beim Bau der Zellengewölbe als Grate und der Netzgewölbe als Rippen ausgeführt: 1474 in der Kirche des Deutschen Ordens in Zschillen (heute Wechselburg) oder im Langhaus der Kunigundenkirche in Rochlitz (vgl. auch Abb. 49 a, b).

Aber wahrscheinlich waren es doch zwei zeitlich und räumlich nahe liegende Ereignisse, die impulsgebend für die Formfindung des Schlosskapellengewölbes gewesen sein könnten: Da ist zum Einen die in der Nachbarschaft durchgeführte Einwölbung der Gnandsteiner Kirche mit Rauten-Netzgewölben, die die einflussreiche Familie von Einsiedel ab 1507 bis zum Jahre 1518 als Ersatz für einen baufällig gewordenen romanischen Vorgängerbau zu einem memorialen Gedächtnisort als Familiengrab-

17 Ausführlich in: Stefan Bürger: Figurierte Gewölbe zwischen Saale und Neiße. Spätgotische Wölbkunst von 1400 bis 1600. Weimar 2007.

18 Freundlicher Hinweis von Prof. Dr. Stefan Bürger, Würzburg, in einer Korrespondenz mit dem Autor.

19 Walter Bachmann und Walter Hentschel: Die Stadt Pirna. Dresden 1929. Steinmetzzeichenerfassung durch Bachmann und Hentschel, ergänzt durch Albrecht Sturm. In: Albrecht Sturm (Hrsg.) Die Stadtkirche St.Marien zu Pirna. Pirna 2005, S. 40.

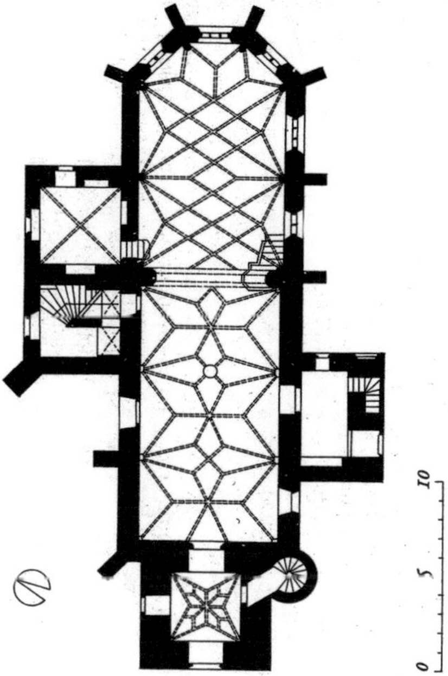

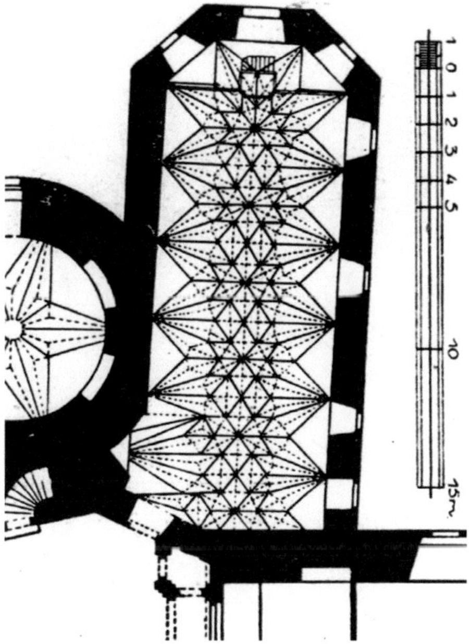

Abb. 18 a: Gnandstein, Dorfkirche, Grundriss nach dem Umbau um 1518. Nach: Georg Dehio, Handbuch der Deutschen Kunstdenkmäler. Sachsen II. Die Regierungsbezirke Leipzig und Chemnitz. München-Berlin 1998, S. 439.

Abb. 18 b: Schleinitz, Schlosskapelle, Grundriss. Nach Cornelius Gurlitt: Beschreibende Darstellung der älteren Bau- und Kunstdenkmäler in Sachsen. Amtshauptmannschaft Meißen-Land. Dresden 1923. S. 463.

lege umbauen ließ.[20] Eine solche vollständige Einwölbung ist für die sächsischen Dorfkirchen ungewöhnlich und kündet vom besonderen Anspruch des Baues als herausragende Herrschaftskirche.[21] Hier vorgefundene Steinmetzzeichen verweisen auf die Ausführung durch die Rochlitzer Bauhütte.[22] Heinrich Graf von Einsiedel (1497–1557) stand als Geheimer Rat in Diensten und engem Kontakt zu den wettinischen Landesherren. Es ist durchaus vorstellbar, dass seine Position und Handeln für Götz von Ende beispielgebend war und er als Auftraggeber mit der Gestaltung „seiner" Kapelle den Gnandsteiner Bau noch übertreffen, zumindest aber nicht hinter ihm zurückstehen wollte. Zum Anderen fanden 1518 im Schloss Schleinitz – die Gemahlin des Bauherrn, Katharina von Ende, war eine Geborene von Schleinitz – umfangreiche Bauarbeiten statt, die in der Einwölbung der dortigen Schlosskapelle mit Zellengewölben in einer dichten Abfolge von sechszackigen Sternen kulminierten. Die Klammer zwischen den beiden eindrucksvollen Gewölbeausführungen fand Caspar Krafft nun in der Kombination der Figuration der Abfolge von sechszackigen Sternen und der Bautechnik

20 Die Vorbildwirkung für das Rollenspiel herrschaftlicher Nebenakteure. In: Stefan Bürger: Der Freiberger Dom. Architektur als Sprache und Raumkunst als Geschichte. Wettin-Lobejün 2017, S. 121.

21 Marius Winzeler: Burg und Kirche. Christliche Kunst in Gnandstein. Halle 1994, S. 23.

22 Georg Dehio: Handbuch der Deutschen Kunstdenkmäler. Sachsen II. Die Regierungsbezirke Leipzig und Chemnitz. München/Berlin 1998, S. 439.

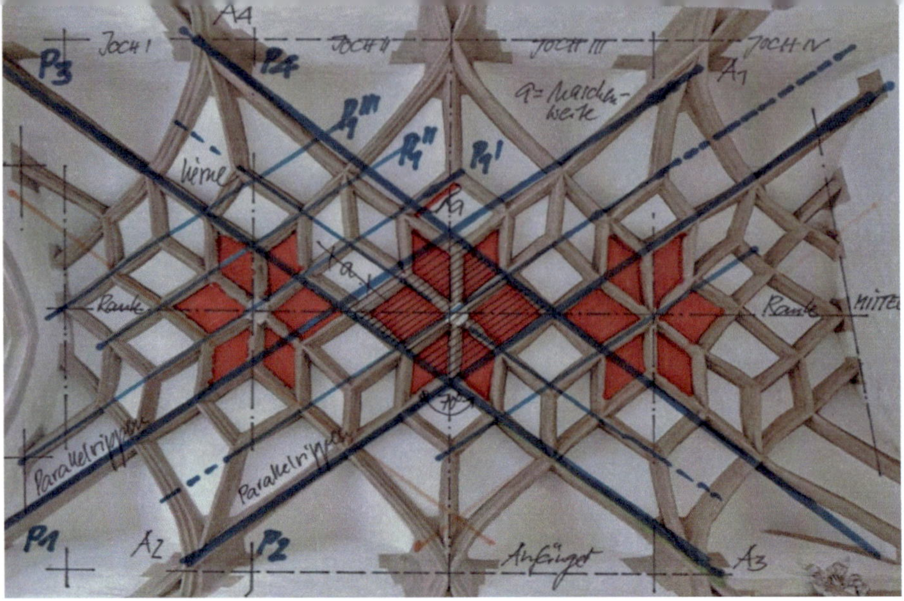

Abb. 19 „Revers engineering“: Gewölbe der Rochsburger Schlosskapelle mit den geometrisch erforderlichen Schritten zur Erzeugung des Stern-Netzgewölbes. Architekturbüro Donath, 2021.

des Netzgewölbes. Solches *„handlungsimplizite Wissen ermöglichte in der Regel stets die großartigen Bauprojekte“*.[23] Aber gleichzeitig war es auch eine großartige Referenz an den aus der Familie von Schleinitz kommenden Vorfahren Hugold IV. als dem spiritus rector der Bauidee der Kapelle.

Versucht man, die konstruktive Genese dieses zunächst kompliziert erscheinenden Gebildes mit geometrischen Mitteln Schritt für Schritt nachzuempfinden,[24] so legt man zunächst den Raum-Mittelpunkt auf der Mittelachse fest (s. Abb. 19). Entlang dieser Mittellinie teilt man die Kapellen-Grundfläche zunächst in vier rechteckige Felder („Joche“) gleicher Tiefe von 2,24 Meter (7 Fuß) ein; drei rechteckige mit identischer Geometrie, während das vierte (übriggebliebene) Joch in einer Trapezform auf die schräg gestellte Ostwand reagiert (Joche I bis IV). Von den

Abb. 20: Prag, Gewölbe im Chor des Veitsdoms, Parallelrippenschema, Peter Parler, um 1380. Abb. aus: Stefan Bürger, Der Freiberger Dom. 2017. S. 55 .

23 Wilhelm Osthues et al. (Hrsg.): Wissensgeschichte der Architektur. Bd. III, Vom Mittelalter bis zur frühen Neuzeit. 2017, S. 330.

24 In Analogie zu: Robert Bork: Gothic Vaulting and the Dynamics of Plan Design. In: Katja Schröck und David Wendland (Hrsg.): Entwurfsprinzipien von spätgotischen Gewölben. Petersberg 2014, S. 56-69.

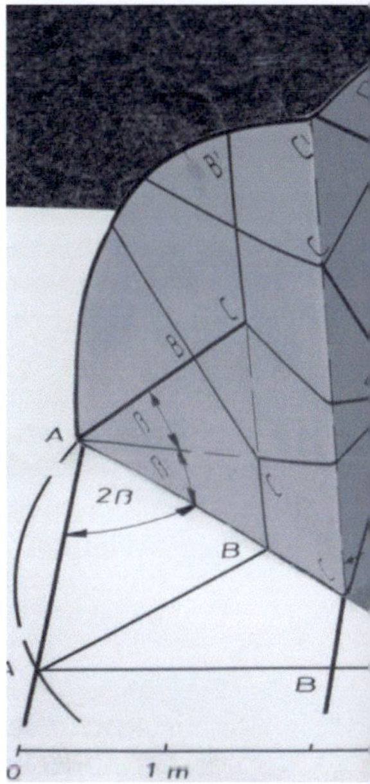

Abb. 21 a: Geometrische Bezüge einer Rippe im Grundriss (rot) und im Aufriss (blau), Lagebezug einer Fuge (gelb).

Abb. 21 b: Papiermodell zur Veranschaulichung der dritten Dimension, aus: Rudolf Brändle: Bogenaustragung. Das Prinzipalbogenmodell. In: Technikgeschichte Bd. 77 (2010) H. 3, S. 237.

Raumecken an der hofseitigen Fensterfront legt man nun Diagonalen durch den Raum bis zum Endpunkt des dritten Joches (P1, P3), dazu eine Parallele vom Beginn des zweiten Joches bis in die Raumecke an der Ostwand (P2, P4) - und schon hat man die Grundfigur des Parallelrippenschemas - so wie es der Werkmeister Peter Parler aus Schwäbisch Gmünd für das Chorgewölbe von St. Veit in Prag entwarf.
Die dabei in Raummitte entstandene große Raute (schraffierte Fläche, Abb. 19) wird in vier kleinere Rauten unterteilt, die jetzt die Grundfigur des Sterns bilden. Durch weitere Parallelverschiebungen der Hauptlinien in der Diagonalen (z.B. P1‘, P1“...) um das Maß der Maschenweite a = 64 cm (ca. 2 Fuß) und Einfügen von Liernen entsteht dann durch die sich überschneidenden Linien eine engmaschige Netzfigur. Diese Lineatur stellt das geometrische Grundgerüst für ein über den gesamten Wölbgrund gelegtes Rippennetz dar; die zuvor mit Hilfslinien konstruierte Joch-Einteilung und die Mittelachse „verschwinden“ im zweidimensionalen Bild der Rippen auf der Zeichnung oder später im 1:1-Riss auf dem Reißboden. Und spätestens hier zeigt sich die Genialität des Entwurfs: Durch die fortwährende Wiederholung des Maßes von zwei Fuß der Maschenweite a ergibt sich mit einer Vielzahl gleicher Werkstücke die ideale Voraussetzung einer serienmäßigen Vorfertigung! Hinzu kommt, dass die Rippenschüsse in der Diagonalen alle im selben Radius eines Segmentbogens gekrümmt sind; analog auch die Rippen quer zur Längsachse mit dem Radius eines Halbkreises; der Entwurf kommt also mit lediglich zwei Radien aus. Leider sind bisher

keine Visierungen oder Baupläne gefunden worden. Soweit zur Theorie. Aber wie hat denn nun Caspar Krafft dieses Gewölbe gebaut?
Da es sich um eine relativ einfache Lösung ohne Höhenversprünge im Anfängerbereich handelt, könnte er es auch direkt am Bau entworfen haben. Als Werkmeister hätte er nun folgende Arbeitsschritte ausführen bzw. anleiten müssen:

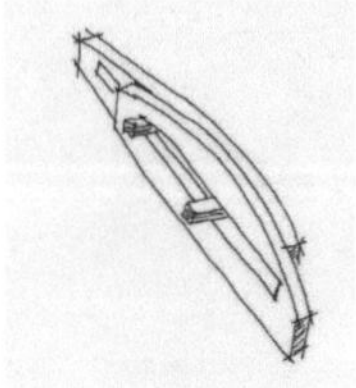

Abb. 22: Verstellbare Schablone als Lehre für die Herstellung der Rippen nach dem Maß der Krümmung der Bügen.

A. Unter dem zukünftigen Gewölbe einen glatten ebenen Holzboden errichten und die Figuration des Gewölbes auf diesem Reißboden 1:1 aufreißen (anzeichnen).
B. Mit Schnüren aus dem aufgerissenen Grundriss und dem geplanten Gewölbeanstieg die dreidimensionale Form der Rippen konstruieren (Bogenaustragung 1:1 vor Ort).
C. Danach diese Rippen vom Steinmetz hauen lassen.

Die Konstruktion der mittelalterlichen Gewölbe kam ohne baustatische Berechnungen und mit relativ einfachen geometrischen Hilfsmitteln aus. Im Querschnitt gesehen folgt nämlich die Geometrie des Gewölbes einem Halbkreis mit R = 2,30 Meter (7½ Fuß); aber auch den einzelnen Haupt-Rippenverläufen in der Diagonalen lassen sich Viertel- und Halbkreise oder Kreissegmentbögen mit gleichem Radius zuordnen. Durch die Bogenaustragung nach dem Verfahren der Prinzipalbogen-Konstruktion (so genannt nach „Gewölbter Principal" - ein *terminus technicus*, der vom Danziger Baumeister Barthel Ranisch um 1675 geprägt wurde) konnte über dem im Maßstab 1:1 auf dem Reißboden aufgetragenen Grundriss der räumliche Verlauf gekrümmter Rippen generiert werden, in dem man über ihn Kreisbögen konstruiert. Damit bestimmt man im Aufriss die zu einem Grundriss - z. B. der Gewölbefiguration - gehörigen Höhen durch Aufrichten von Senkrechten über dem Verlauf der Lineatur; man erhält damit im Schnittpunkt zum Kreisbogen die Höhen an jeder beliebigen Stelle der geplanten Gewölbekonstruktion. Mit dem Ermitteln dieser Maße werden nun sowohl der Krümmungsradius der Rippe an ihrer Unterseite als auch die Angaben für die Brettbügen - das sind die für das Lineargerüst des Gewölbes aus Brettern zugesägten Lehren, wegen ihrer Krümmung auch Biegen genannt- gewonnen.
Höchst anspruchsvoll war die Konstruktion des Fugenschnittes der einzelnen Rippen sowie deren Anschlüsse an die Knotensteine. Beim Zurichten der Keilform der Rippenschüsse nahm man speziell konstruierte „Winkel-Scheite" zu Hilfe. Die Werkmeister bevorzugten für ihre Risse damals die duodezimalen Maßstäbe wie 1:12, 1:24, 1:48, 1:96, die sich aus dem Fuß- und Zollmaß in natürlicher Weise ergaben (1 Fuß= 12 Zoll bzw. 32 cm).

Abb. 23 a: Zirkel.

Abb. 23 b: Bauriss zur Bogenaustragung der Teile eines Netzgewölbes nach dem Prinzipalbogen-Verfahren (um 1500). Herzog-August-Bibliothek Wolfenbüttel, Cod. Guelf. 114. 1 Extrav., fol. 23v (CC BY-SA); Abbildung mit freundlicher Genehmigung der Herzog-August-Bibliothek.

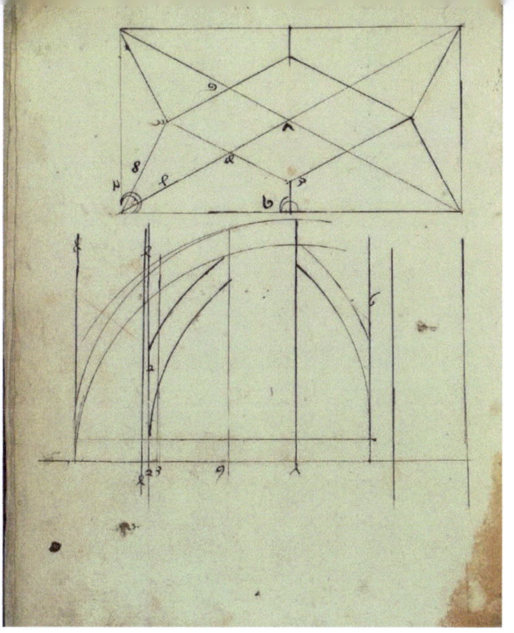

Zur Ermittlung der Größe von √2 trifft man in allen Steinmetztraktaten die so genannte „Vierung über Ort“, also eine Serie ineinander übereck geschachtelter Quadrate, an.[25] Dabei ergeben sich inkommensurable (irrationale) Zahlen für die Abmessungen des Bauteils. Beliebt waren auch Fünfeckkonstruktionen, bei denen man allein mit einem Zeichenwinkel im Seitenverhältnis 1:3 auskam.[26] In diesem Punkt zeigt sich ein ausgeprägtes Interesse der Steinmetze an der Anwendung der praktischen Geometrie, das in den spätmittelalterlichen Geometrietraktaten dokumentiert ist. Im „Dresdner Musterbuch“ oder anderen Werkmeisterbüchern mit ihren „Schnittmusterbögen“ für Gewölbefigurationen haben sich solche Darstellungen der geometrischen Beziehungen zwischen Grund- und Aufriss anhand der dazu gehörenden Kreisbögen aus dem 15. Jahrhundert erhalten.[27] Seitdem wurden sie von den Steinmetzen des jeweiligen Hüttengebietes als Konstruktionsanweisung verwendet, wie das Beispiel des Musterbuchs des Baumeisters Hans Meiger von Werde (* 1440–1445; † Sommer 1519) aus der Straßburger Münsterbau-

25 Matthäus Roriczer: Puechlen von der Fialen Gerechtigkait. Regensburg 1486, Reprint 1999

26 Zur Fünfeckkonstruktion siehe Müller 1990, S. 109; erst 1983 gelang die Entschlüsselung der Konstruktion.

27 Grundlegend dazu: Werner Müller: Grundlagen gotischer Bautechnik. Ars sine scientia nihil, München 1990, S. 155; ders. u. Norbert Quien: Von deutscher Sondergotik. Architekturphotographie, Computergraphik, Deutung (Saecula Spiritualia, Bd. 33), Baden-Baden 1997; dies.: Spätgotik virtuell. Für und Wider die Simulation historischer Architektur, Weimar 1999; dies.: Erdachte Formen, errechnete Bilder. Deutschlands Raumkunst der Spätgotik in neuer Sicht, Weimar 2000; dies.: Böhmens Barockgotik. Architekturbetrachtung als computergestützte Stilkritik, Weimar 2000; dies.: Virtuelle Steinmetzkunst der Österreichischen und Böhmisch-Sächsischen Spätgotik. Die Gewölbeentwürfe des Codex Miniatus 3 der Österreichischen Nationalbibliothek in Wien (Studien zur internationalen Architektur und Kunstgeschichte, Bd. 37), Petersberg 2005.

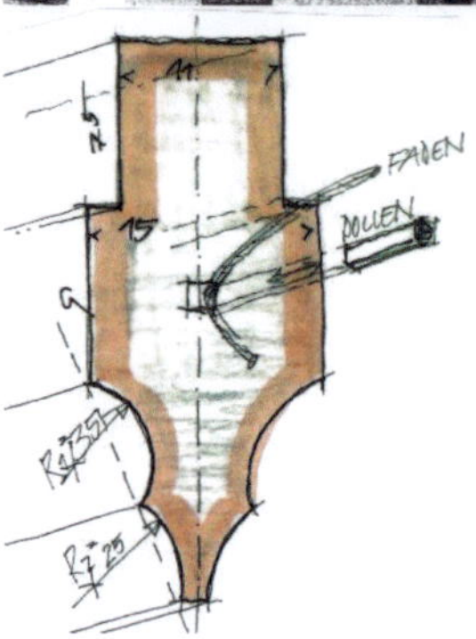

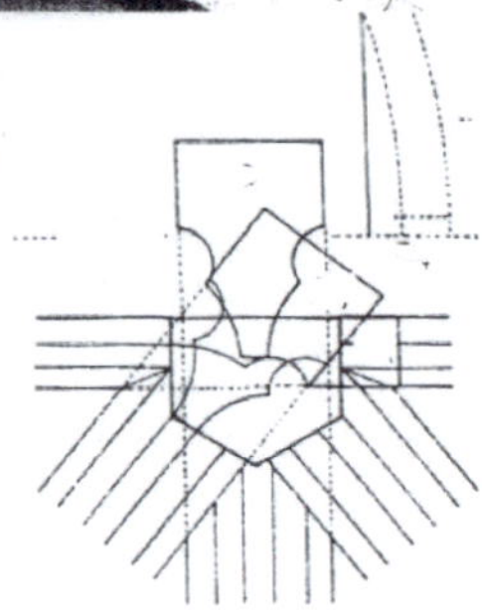

Abb. 24: Linearschalung eines Netzgewölbes (Bsp.: St. Wolfgangskirche in Schneeberg), Prinzipskizzen der Rippen und eines Knotensteins des Rochsburger Kapellengewölbes.

Abb. 25: Mit Holzkeilen verspannte Gewölberippen (Quelle: Daniela Štěrbová: Připravne ryté konstrukce na kameném zdivu. In: Svornik 12, 2014, S. 116-127).

hütte zeigt (Abb. 23 b).[28] Bei der Planung und Bauausführung des Rochsburger Gewölbes konnte Caspar Krafft auf das in den Musterbüchern niedergelegte Hüttenwissen zurückgreifen.

Mit Hilfe dieser Maßvorgaben konnten nun auf dem Reißboden der Bauhütte, der wahrscheinlich unten im Burghof eingerichtet war, verstellbare Schablonen der einzelnen Rippenschüsse angefertigt werden. Diese dienten dann den Steinmetzen zum Anreißen der Werksteine: zuerst der für den Bau der Anfänger, dann für die den Hauptachsen folgenden Rippen und der Knotensteine, zuletzt - eventuell erst während des Versatzes - der Liernen.

Mit einem solchen Vorfertigungsgrad war eine hohe Effizienzsteigerung der Baustelle verbunden. Dies war insofern von großer Bedeutung, wenn die Arbeit der Steinmetze im Tagelohn und nicht im Verding vergütet wurde. Waren nun im Vorlauf ausreichend Werksteine gefertigt konnte mit dem Versatz begonnen werden. Da alle Anfänger der Gewölberippen nahezu auf gleicher Höhe 2,30 Meter unter dem Gewölbescheitel sitzen und die Rippen sich nicht auf Diensten abstützen, sondern förmlich aus der Wand „herauswachsen", war es sicher sinnvoll, die letzte große und durchgehende Gerüstebene mit dem 1:1 aufgetragenen Gewölbegrundriss etwas unterhalb dieser Höhenlinie bei ca. sechs Meter über dem Kapellenfußboden anzuordnen. Auf dieser Ebene wurde auch das Lehrgerüst aufgestellt.

28 Hans Meiger von Werde, auch bekannt als Hans Hammer (Hammerer), war Steinmetz, Baumeister und Architekt am Straßburger Münster.

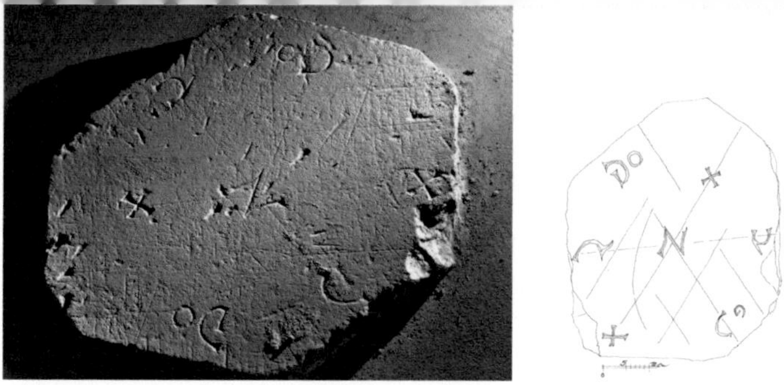

Abb. 26: Meißen, Albrechtsburg: Markierungen auf der Oberseite eines Knotensteins; und Umzeichnung der Linien und Zeichen.

Die Werksteine der Gewölbeanfänger mit ihren sich schwalbenschwanzartig überschneidenden Rippen – vom Steinmetz aus Rochlitzer Porphyrtuff gehauen – waren aus drei Steinlagen aufgebaut und im Bestandsmauerwerk der Längswände und der Raumecken fest verankert. Die scharf geschnittenen Rippenprofile sind doppelt gekehlt, unten mit einem großen und oben mit einem etwas kleineren Radius ausgearbeitet (Abb. 24).
Auf dem Lehrgerüst wurden die Werkstücke auf die Oberseite der hölzernen Bügen abgesetzt. Von den Anfängern aus konnten nun zuerst die einzelnen Schüsse der Hauptrippen mit den dazugehörigen Knotensteinen unter Zuhilfenahme der linearen Lehrbögen als Unterstützung verbaut werden – dabei immer in ihrer Lage am Wölbgrund an dem darunter liegenden 1:1-Riss orientierend. Danach folgte wahrscheinlich der erste Knotenstein, der mit Baumstämmen vom Reißboden aus unterstützt wurde. Dem folgte der Versatz weiterer Knotensteine; erst dann schloss man die Lücken mit den regulären Rippenschüssen. Die Werksteine wurden trocken verlegt; untereinander waren sie mit Holzkeilen verspannt[29] und mit eingebleiten eisernen oder Hartholz-Dollen verbunden. Mit einem einfachen Trick erfolgte dann das Einsetzen des letzten Werksteines, indem man nämlich die Dollen unter Zuhilfenahme eines Bindfadens aus dem tief ausgespitzten Dübelloch herauszog[30] und diese in dieser Lage vergoss. Bei der Restaurierung des Netzgewölbes der Pirnaer Marienkirche wurden sogar noch Reste solcher Fäden gefunden. Zuletzt mussten die Fugen mit Kalkmörtel kraftschlüssig vergossen werden. Das räumliche System der Rippen trägt sich selbst; entscheidend für die Tragwirkung des Gewölbes sind die über den Rippen ohne Schalung aus Klosterformat-Ziegeln gemauerten Kappen, die einer anderen Geometrie folgen als die Rippen und erst ausgeführt werden konnten, wenn das Rippennetz vollflächig und kraftschlüssig vollendet war. Die Knotensteine des Netzgewölbes sind nicht in die gemauerten Kappen eingebunden; trotzdem bilden die Rippen mit Knotensteinen und den darüber aufgemauerten Kappen gemeinsam das tragende System. Ihre Lasten sind auf die Wände abzuleiten und zu verteilen. Das

29 Daniela Štěrbová: Připravne ryté konstrukce na kameném zdivu. In: Svornik 12, 2014, S. 116-127.

30 Albrecht Sturm (Hrsg.) Die Stadtkirche St. Marien zu Pirna. Pirna 2005, S. 41.

Abb. 27: Schloss Rochsburg; Vertikalschnitt durch die Schlosskapelle. Blickrichtung Nord mit hypothetischer Rekonstruktion der Herrschaftsempore, Situation 1522. Zeichnung: Architekturbüro Donath / Bauplanung Hentschel, 2021.

Eigengewicht des Rochsburger Kapellengewölbes beträgt ca. 12 kN/m^2, daraus ergibt sich bei einer Stichhöhe von 2,95 Meter ein Gewölbeschub im Kämpferbereich von 86 kN/m; bei etwa 3,5 Meter Einflußbreite konzentrieren sich Kräfte von 300 KN (30 t) auf jeden der Anfänger. Die beiden Kapellen-Längswände müssen nun die daraus resultierenden Druck- und Schubkräfte sicher aufnehmen können (stat. System vgl. Abb. 45).[31]
Die Rippenknoten aus dem rohen Steinblock herauszuarbeiten stellte eine große Anforderung an das räumliche Denken des bauleitenden Werkmeisters; nur er allein nahm das Anreißen der Achsen und Konturen der in unterschiedlichen Winkeln ankommenden Rippenschüsse vor. An der Oberseite des 1521 bis 1524 von Jakob Heilmann († 1525) ausgeführten Schlingrippengewölbes in der Albrechtsburg hat der Verfasser Ritzlinien auf den in diesem Falle aus Sandstein gefertigten Knotensteinen gefunden und dokumentiert.[32] So ähnlich muss man sich auch die Arbeitsanweisungen für den Steinmetz auf den geglätteten Oberseiten der Werkstücke der Schlosskapelle vorstellen. Die Buchstaben an den Hauptlinien dienten der Orientierung des

31 Überschlägige Ermittlung der Kräfte nach Dietrich Conrad: Kirchenbau im Mittelalter. Leipzig 1990, S. 312. Von „schubfreien Gewölben", wie sie David Wendland in: Entwurf und Planung spätgotischer Gewölbe und ihrer Einzelteile, Petersberg 2019, neuerdings ohne jeden statischen Nachweis unterstellt, sind für diesen Konstruktionstyp von Gewölben nicht wirklich anzunehmen.

32 Stefan Bürger / Günter Donath: Zeugnisse werkmeisterlicher Betätigung. Die Werksteine des Jakob Heilmann im Wappensaal der Albrechtsburg. In: Bruno Klein und Katja Schröck (Hrsg.) Werkmeister der Spätgotik. Personen, Amt und Image. Darmstadt 2010, S. 232-244.

Abb. 28 Steinmetzzeichen als „Signatur" des fertiggestellten Gewölbes mit dem Werkmeisterzeichen Caspar Kraffts im Kapellengewölbe, Abreibung am Anfänger an der Westseite. 1993.

Steines und seine Einordnung in die Gesamtfigur des Gewölbes, dazu Hilfslinien mit Angaben der Lage seitlich anzusetzender Rippen sowie deren Flanken. Letzteres war gleich eine Vorgabe für die Breite der Rippen.
Das Ergebnis der Wölbkunst Caspar Kraffts war nun ein streng rechteckiger und blockhafter, nahezu richtungsloser Raum ohne Betonung eines Chores, der ganz dem Idealbild der Zeit entsprach: Modernität und Schärfe als Geradlinigkeit. In einer unglaublichen Leichtigkeit und Schönheit wird der Raum von einem Stern-Netzgewölbe überspannt, das ursprünglich im Mittelpunkt des mittleren sechsteiligen Sterns stolz das Wappenschild des Bauherrn, der Familie von Ende (springender Wolf) zeigte. An einem der Rippenanfänger an der Stirnseite der Kapelle brachte auch Caspar Krafft selbstbewußt sein Werkmeisterzeichen an: „C" und „K" als die Anfangsbuchstaben seines Namens, dazwischen sein Steinmetzzeichen (das Kreuz mit den zwei Winkeln) in einer wohl wappenartig gedachten Rahmung. Daß die Werkmeister - anders als ihre mittelalterlichen Vorgänger - nun aus der Anonymität heraustreten und ihre Werke gleichsam signieren, ist eines der Kennzeichen einer neuen Zeit - der Renaissance. Kurzum: Ein Werk, das sich sehen lassen konnte!

Nach 1518 und noch vor 1522 müssen die Bauarbeiten an der Kapelle abgeschlossen gewesen sein, denn bereits 1522 verläßt Krafft Rochsburg. Im März 1523 wird *„Caspar Krafft von Rochpergk"* als neuer Bürger der Stadt „Hall in Sachsen"[33] in das Stadt-

33 Die Entstehung der bis Ende des 17. Jahrhunderts allgemein üblichen Ortsbezeichnung „Hall in Sachsen" fällt in die Regierungszeit von Kaiser Maximilian I. (1493-1519) und den Beschluß der Stände 1500 auf dem Reichstag zu Augsburg, die Kreise Bayern, Franken, Schwaben [...] und Sachsen voneinander abzugrenzen. Halle gehörte mit dem Erzbistum Magdeburg zum sächsischen Kreis. Zur besseren Unterscheidung zu dem auf dem Kölner Reichstag von 1512 in einer neuerlichen Einteilung der kurfürstlichen Territorien entstandenen „Obersachsen" erhielt jetzt der sächsische Kreis die Bezeichnung „Niedersachsen". Nach: Erich Neumann: „Hall in Sachsen", Stadtmuseum Halle, 1991.

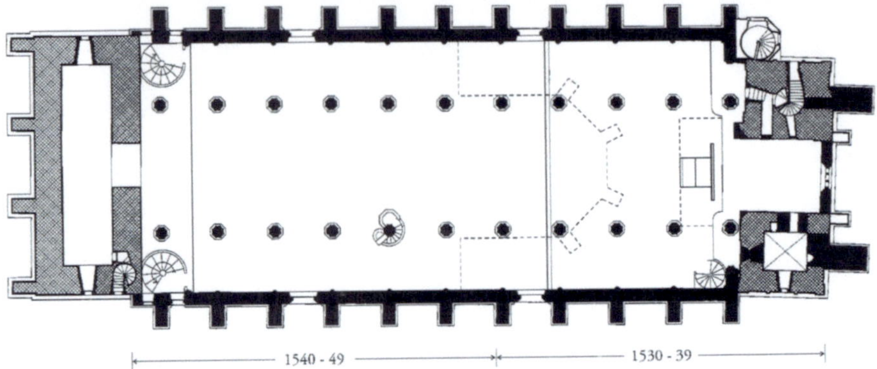

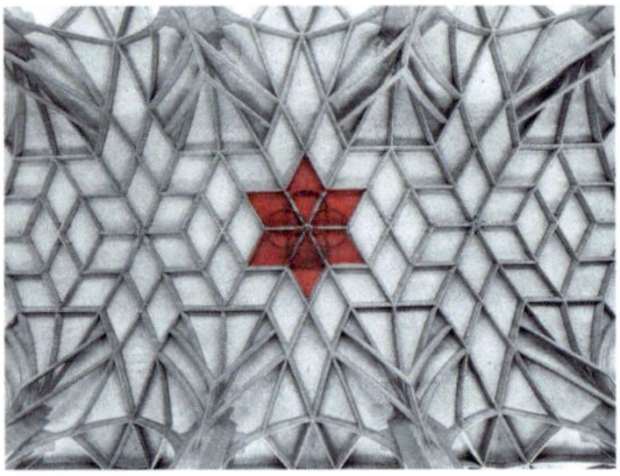

Abb. 29 a, b und c: Halle, Marktkirche, Grundriss mit Bauphasen, rechts: unter Caspar Krafft ausgeführter Bauabschnitt. b: Grundfigur des sechsstrahligen Sterns im Netzgewölbe des Mittelschiffs. c: Rippen des Netzgewölbes, Reparatur der Kriegsschäden.

buch eingetragen.[34] Damit ergibt sich dieser Zeitraum als späteste Datierung für das Jahr der Fertigstellung der Rochsburger Schlosskapelle; d. h., im Jahr 2022 kann man getrost dem 500. Jubiläum ihrer Vollendung und Weihe gedenken, während die Einwölbung bereits ein Jahr früher - 1521 - erfolgt sein müsste!

Für Caspar Krafft begann nun eine neue Phase zur Entfaltung seines baumeisterlichen Könnens: 1528 trat er in die Ratsdienste der Stadt Halle und wurde Werkmeister der seit der Errichtung eines Ratsbauhofes ständig vom Rat angestellten Steinmetzen.
Der Kardinal und Erzbischof von Magdeburg, Albrecht von Brandenburg (1490–1545), hatte in seiner Eigenschaft als Stadtherr die Pfarrgemeinden von St. Gertruden und St. Marien in Halle aufgefordert, ihre beiden Kirchen abzubrechen und stattdessen einen Neubau aufzuführen. Diese lehnten das Ansinnen strikt ab; *„sie hätten Kirchen genug“* argumentierten die Bürger. Dabei handelte es sich bei dem Plan doch um das Gegenteil, nämlich aus zweien eine Kirche für beide Gemeinden zu machen - aber eben nicht irgendeine, sondern neben dem Dom in Magdeburg die herausgehobene im Erzbistum! Baufälligkeit spielte bei diesem Bauvorhaben eine eher nachgeordnete Rolle; vielmehr war es eine vom Kardinal getroffene kirchenpolitische Entscheidung im Sinne der Demonstration von Stärke und ein triumphierendes

34 Siehe Anm. 10, S. 60.

Auftreten der katholischen Kirche gegen die sich anbahnenden Veränderungen einer neuen Zeit. *„Das letztendlich nach vielem hin und her doch noch ein respektables Gotteshaus entstand ist wohl dem zwar konservativ eingestellten, doch klug planenden und handelnden Ratsbaumeister Caspar Krafft zu verdanken“*[35] – ihm wurde 1529 die Planung und Bauleitung des Kirchenbaus übertragen. Dessen künftige Abmessungen waren durch die im Bestand verbliebenen Türme vorgegeben, die sich in einem Abstand von etwa 48 Meter voneinander befanden. Kraffts Planung sah nach dem Abbruch der beiden Kirchen eine gewaltige, dreischiffige Hallenkirche von etwa 24 m Gesamtbreite zwischen den beiden Turmpaaren vor, deren Mittelschiff er mit einem Netzgewölbe einwölbte – entwickelt nach dem gleichen additiven Prinzip der diagonalen Rippen und aneinander gereihten sechsteiligen Sternen wie schon zuvor in der Rochsburger Schlosskapelle![36] Diese war auf jeden Fall sein Meisterstück und konnte so mit ihrer auffallenden individuellen Übereinstimmung dem Halleschen Rat als Auftraggeber als eine durchaus vorzeigbare Referenz dienen!
1539 zog die Gemeinde in den bis dahin fertiggestellten Teilraum der ersten vier Joche von Osten der neuen, der Gottesmutter „Unserer lieben Frauen“, geweihten Marktkirche ein.[37] Nach Westen hin schlossen bauzeitliche Verbretterungen die Dachwerke und eine provisorische Wand das Kirchenschiff ab. „Dahinter“ gingen die Arbeiten ohne Unterbruch weiter, lediglich in der Bauleitung kam es zu einer Vakanz. Ab 1542 wurden dann die Arbeiten unter dem aus Pirna kommenden Nickel Hofmann und seinem Werkmeister Thomas Rinckler weitergeführt und schließlich als *„letzte und reinste Äußerung der Spätgotik“* 1554 vollendet.[38] *„... von verständigen Bauleuten hoch gerühmet“*[39] urteilte hundert Jahre später Matthäus Merian d. Ä. über das in seiner Kunstfertigkeit kaum noch zu steigernde Werk und ihre Baumeister.
In diese Bewunderung kann man das Rochsburger Gewölbe durchaus mit einbeziehen! 1539 baute der Werkmeister den steinernen Arkadengang zwischen Domchor und Residenzkapelle. 1540 – in Halle wütete die Pest – Schloss Caspar Krafft für immer seine Augen. Im Läuteregister seiner Kirche ist dazu verzeichnet: *„Meyster Caspar des rats steynmetzen“*. Die Aufzeichnungen sind jedoch nicht tagesgenau datiert; sie beginnen am Sonntag Quasimodogeniti 1539 und enden Ostern des Folge-

35 Reinhard Rüger: Der Umbau der Gertrudenkirche zur Marktkirche Unser lieben Frauen in Halle. In: Denkmalpflege in Sachsen-Anhalt 1/2015. Petersberg 2015, S. 38.

36 Heinrich Schuster in einer Ergänzung zu: Rolf Hünicken: Die Marktkirche zu Halle und ihr Erbauer Caspar Kraft. In: Jahrbuch der Denkmalpflege in der Provinz Sachsen und in Anhalt 1933/34, S. 75.

37 Angaben nach Reinhard Rüger wie Anm. 36, Grundriss Abb. 9.

38 So zitiert in: Hans-Joachim Krause: Die Marktkirche zu Halle. Der Neubau und seine geschichtliche Bedeutung. In: Literatur, Musik und Kunst im Übergang vom Mittelalter zur Neuzeit. Göttingen 1995, S. 391.

39 Matthäus Merian: Topographia Saxoniae Inferioris, 1653.

Abb. 30 a, b: Wolf II. von Schönburg (Öl auf Leinwand, Museum Schloss Rochsburg; Quelle: isgv.de/saebi); Wappen der Familie von Schönburg.

jahres. Krafft steht aber ohne genauen Sterbevermerk an 26. Stelle von 29 Personen. Das spricht mit hoher Wahrscheinlichkeit eher dafür, dass er im ersten Drittel des Jahres 1540, vermutlich vor oder an dem 9. März 1540 gestorben ist,[40] denn mit diesem Tag wurde sein Sohn Melchior *„der Erbnahme wegen“* Bürger von Halle.[41] So blieb es Caspar Krafft wenigstens erspart miterleben zu müssen, wie das Schloss Rochsburg samt der Kapelle nach Plünderung und Brand im Schmalkaldischen Krieg verwüstet wurde.

1547 verkaufte die Familie von Ende schließlich Burg und Herrschaft Rochsburg an die Herren von Schönburg. Das niedergebrannte Schloss wurde von ihnen wieder aufgebaut und die Vierflügelanlage durch das Aufführen der Schlossflügel auf eine nahezu in gleicher Höhe durchlaufende Traufe noch stärker als vorher vereinheitlicht. Auf einer Inschriftentafel in der Schlosskapelle heißt es, man habe den *„Bau 1548 begonnen und bis 1550 vollendet“*;[42] spätestens seit der Zeit ziert das Schönburgische Wappen (rot-silber-rot-silber) den sechsteiligen Stern in der Kapellenmitte; das Wappenschild derer von Ende versetzte man wahrscheinlich in das Zentrum des ersten Sterns nach dem Fenster. Die Angaben können sich nur auf kleinere Reparaturen und den Einbau der hölzernen Herrschaftsemporen beziehen.

40 Freundliche Mitteilung von Bernd Hofestädt, Halle, in einer Korrespondenz mit dem Autor, Februar 2021.

41 H.-J. Krause in Anm. 38, S. 398.

42 Es wäre anmaßend, wenn mit den Worten „...den Bau“ die gesamte Kapelle gemeint wäre! Die Angaben können sich nur auf kleinere Reparaturen und den Einbau der hölzernen Herrschaftsemporen beziehen.

DAS VERSCHWUNDENE MITTELALTER

Als im albertinischen Sachsen nach dem Tod Herzog Georg des Bärtigen (1471–1539) die Reformation eingeführt wurde, trat auch Wolf II. von Schönburg (1532–1581) wenige Jahre später zum evangelischen Glauben über. Bis zu seinem Lebensende blieb er ein strenggläubiger Lutheraner, der sich auch nicht von den theologischen Auseinandersetzungen, die nach Martin Luthers Tod (1483–1546) ausbrachen, von seinem Weg abbringen ließ. Ihn irritierte deshalb sehr, dass Kurfürst August von Sachsen (1526–1586) der Glaubenslehre Philipp Melanchthons zuneigte, die sich teils von lutherischen Positionen entfernte. Der Kurfürst wollte jedoch eine Glaubensabweichung der Schönburger nicht hinnehmen und ließ Wolf II. daraufhin in Haft nehmen. Es sieht fast wie ein heimlicher Triumph aus, dass der Adlige 1576, als der sächsische Kurfürst von sich aus wieder zur streng lutherischen Lehre zurückgekehrt war, vom Freiberger Ratssteinmetzen und Bildhauer Andreas Lorentz (seit 1550 in Freiberg, † 1589) einen neuen Altar mit einem zutiefst protestantischen Bildprogramm anfertigen ließ.

Wie der vorherige (katholische), der heiligen Anna[43] geweihte Altar ausgesehen hat, wissen wir nicht sicher. Auf jeden Fall war dieser der „Mode“ der Zeit folgend ein Schnitzaltar, dessen Mittelschrein von der Skulptur der Anna selbdritt („Anna zu dritt“) als der Schutzpatronin der Kapelle eingenommen wurde. Richard Steche[44] beschreibt 1890 einen im Kapellen-Nebenraum aufgestellten Flügelaltar und datiert diesen der Inschrift nach auf „1522“. Seine Entstehung weist er dem künstlerischen Umfeld einer Altenburger Werkstatt zu. 1901 verkaufte Gräfin Frida von Schönburg-Glauchau den sich damals schon in einem bedauernswerten Zustand befindlichen Altar an das Leipziger Grassi-Museum.[45] Der Beschreibung nach ist dieser Altar mit einem in der jüngeren Literatur genannten Altar identisch, dessen Signatur Ingo Sandner jedoch anders interpretiert und mit „1511“ liest;[46] zudem vermutet er ihn zum früheren Bestand der Rochsburger Dorfkirche gehörend. Das ist aber nicht schlüssig, denn für die um 1180 entstandene romanische Dorfkirche ist kein Patrozinium vermerkt, das ein derartiges Bildprogramm begründet hätte;[47] und auch „1511“ ergibt in dem Zusammen-

43 Zum Annenpatrozinium siehe Anm. 5.

44 Richard Steche: Beschreibende Darstellung der älteren Bau- und Kunstdenkmäler des Königreichs Sachsen, Bd. 14, Amtshauptmannschaft Rochlitz, Dresden 1890, S. 89.

45 GRASSI Museum für Angewandte Kunst Leipzig, Inventarnummer: 1901. 361.

46 Ingo Sandner: Spätgotische Tafelmalerei in Sachsen. Dresden 1993, S. 360.

47 Für die Dorfkirche ist ein Annen-Patrozinium auszuschließen; es ist kein mittelalterliches Patrozinium. Zu den Kirchen-Patrozinien vgl. Anm. 6, S. 300, 305. Heinrich von Schleinitz (1483–1522), Abt des Benediktinerklosters in Chemnitz, und der 1518 zum

Abb. 31: Rochsburger Flügelaltar. Im Mittelschrein: Heilige Barbara, Anna Selbdritt, Maria Magdalena / linker Flügel: Anbetung (o), Heiliger Bischof, Heiliger Wolfgang (u) / rechter Flügel: Heiliger Christophorus, Heiliger Sebastian (oben), Heiliger Lorenz, Heiliger Rochus (unten). Abbildung mit freundlicher Genehmigung des Grassi-Museums für Angewandte Kunst, Leipzig.

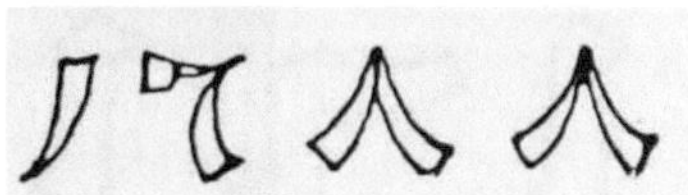

Abb. 32: Signatur nach Richard Steche als „1522“ gelesen.

hang keinen Sinn. Andererseits ist es doch aber gut möglich, dass der Schlosskapellen-Altar im Gegensatz zum nachreformatorischen Schicksal vieler einst in den Kirchen aufgestellter Altäre, deren Skulpturen entfernt und in so genannte „Götzenkammern“ verbannt wurden,[48] nicht zerstört, sondern ganz einfach in den Seitenraum der Kapelle verbracht wurde. Damit wird auch der gemauerte Unterbau an der Südwand unter der Empore als Altarsockel verständlich (Abb. 39).
Auch die von Steche gelesene Datierung „1522“ würde mit einem möglichen Weihedatum der Kapelle z. B. am St.-Annen-Festtag, dem 26. Juli, Sinn machen. Denn eines ist doch unstrittig: die beiden Ziffern nach der 5 unterscheiden sich deutlich vom Zeichen vor der 5. Wenn die Inschrift also die Jahreszahl des Entstehens angibt, dann muss das erste Zeichen eine Eins sein und dann sind die beiden Ziffern nach der 5 Zweien – und man liest: „1522“! Und kurz darauf – im Winter 1522/1523 – ging Caspar Krafft, der Baumeister der Schlosskapelle, nach Halle.

Sei es wie es sei: Der jetzt im Depot des Grassi-Museums gesicherte Altar (Höhe 127 cm, Breiten 56–227-56 cm, 14 bis 20 cm tief) ist *„leider in keinem guten Zustand und in seine Einzelteile zerlegt – also Schreinkasten, Flügel und Figuren getrennt voneinander. Die Predella und das Gesprenge waren schon bei der Erwerbung nicht mehr vorhanden. Alle Figuren sind abgelaugt, der gesamte Altar weist zahlreiche Fehlstel-*

Meißner Bischof berufene Johann von Schleinitz (1470–1537) waren große Verehrer der beliebten Heiligen und haben natürlich ein Fortbestehen des Annen-Patroziniums der nach dem Brand wieder aufgebauten Schlosskapelle unterstützt.

48 Günter Donath: Die Götzenkammer in der Wilsdruffer Jakobikirche. In: Götzenkammern – Entsorgung, Umdeutung und prämuseale Bewahrung vorreformatorischer Bildkultur im Luthertum (1518–1918). Tagungsband des Instituts für Sächsische Geschichte und Volkskunde, Veröffentlichung für 2021 in Vorbereitung.

len auf. Leider ist auch die Jahreszahl auf der Rückseite des Schreinkastens nicht mehr erhalten; Gründe dafür sind wohl eine unsachgemäße Lagerung zu DDR-Zeiten".[49] Aber aller Altersspuren zum Trotz: Ein schönes Beispiel mit einem gut zum Schlosskapellen-Patrozinium passenden Bildprogramm! Im Mittelschrein die Mutter Anna selbdritt, die – im Zeitgeschmack gekleidet – Maria und das Christuskind auf ihren Armen haltend die Generationenabfolge „Großmutter-Mutter-Kind" deutlich macht, steht für das St. Annen-Patrozinium der Schlosskapelle. Ihr sind weitere Heilige beigeordnet, die als Schutzheilige des „Schatzes im Acker" ausgewiesen sind wie die heilige Barbara oder der heilige Bischof Wolfgang.

Der Bildhauer Andreas Lorentz fühlte sich nun bei seiner Beauftragung, einen neuen Altar zu schaffen, nicht mehr an das alte überholte Bildprogramm gebunden; das Annen-Patrozinium der Kapelle war durch die Lehren der Reformation ohnehin obsolet geworden. Lorentz war durch seine von der italienischen Renaissance intendierten Arbeiten bekannt geworden und galt gemeinhin als der Bildhauer der sächsischen Adelsfamilien. Die zutiefst evangelischen bzw. lutherischen Bildprogramme gehörten für ihn zur Selbstverständlichkeit und sind in den Arbeiten der großen Sandsteinepitaphe für Johannes von Schönberg († 1569) im Freiberger Dom, Caspar von Schönberg († 1579) in Sayda, des Eugenius Pistoris († 1582) in Penig, für Joachim von Schönberg († 1581) in Gelenau belegt. 1578 versetzte er die „Schöne Tür" aus dem säkularisierten Franziskanerkloster in die Stadtkirche St. Annen in Annaberg und war am Wiederaufbau der Stadtkirche in Nossen beteiligt. Der kurfürstliche Baumeister Hans Irmisch beauftragte ihn mit Bildhauerarbeiten am Schloss Freudenstein in Freiberg, so dass Lorentz den Rochsburger Altar stolz mit „*Schlosmeister*" signierte. Mit diesem Auftrag begannen die engen Beziehungen seiner Werkstatt zu den Herren von Schönburg; sie fanden einen Höhepunkt in der Gestaltung des Kenotaphs Wolfs II. von Schönburg in der Rochsburger Dorfkirche,[50] der seiner künstlerischen Bedeutung wegen gleich nach dem Moritzmonument im Freiberger Dom rangiert. Der hoch aufragende Altar, den Lorentz nun auf die alte (ursprüngliche) gemauerte Mensa aufsetzte, war nicht in Rochlitzer Porphyrtuff, sondern in Cottaer Elbsandstein gefertigt. Die großen – in der Theologie „christozentrisch" genannten Themen,[51] beherrschen nun die Bilderwelt des in einer antikisierenden Architekturgliederung aufgebauten Altars:

49 Laut dem Kurator der Historischen Sammlung, Dr. Thomas Rudi, in einer persönlichen Korrespondenz mit dem Autor.

50 Ausführlich in: Matthias Donath, Schloss und Herrschaft Rochsburg, Beucha 1997, S. 103 ff.

51 Als Reaktion auf die Behauptung der römisch-katholischen Kirche, die einzig wahre apostolische Kirche zu sein und als solche die einzig gültige Autorität zu besitzen, haben die Reformatoren ihre theologischen Prinzipien in fünf Aussagen zusammengefasst: 1. Sola Fide (allein der Glaube), 2. Sola Scriptura (allein die Schrift), 3. Solus Christus (allein Christus), 4. Sola Gratia (allein die Gnade), 5. Soli Deo Gloria (Gott allein gehört die Ehre).

Das Abendmahl Christi mit seinen Jüngern in der Predella, das Passionsgeschehen mit dem kreuztragenden Christus auf seinem Leidensweg zum Golgatha-Hügel im Mittelteil des Altars und die Auferstehung Christi als Sieg über den Tod im Altaraufsatz - da war (auch theologisch) kein Platz mehr für eine „Anna selbdritt"! Links und rechts des Mittelschreins flankieren zwei auf Konsolen stehende Sandsteinskulpturen das Geschehen; es sind Christus als Schmerzensmann und Moses in alttestamentlicher Priesterbekleidung. Sie weisen einmal auf den bereits im Alten Testament begründeten Heilsplan Gottes hin, der sich im Tode Christi nun erfüllt hat, zum anderen symbolisieren sie das Thema „Gesetz und Gnade". *„Denn das Gesetz wurde durch Mose gegeben; die Gnade und die Wahrheit ist durch Jesus Christus geworden."* (Joh 1,17), *„Denn die Sünde wird nicht über euch herrschen, denn ihr seid nicht unter Gesetz, sondern unter Gnade."* (Röm 6,14) sind die beiden Bibelstellen, auf die dieser Lehrsatz Bezug nimmt.
Fast schon auf das hussitische Gedankengut der böhmischen Utraquisten[52] zurückgehend, machen zwei Reliefs zu beiden Seiten der Einsetzungsworte das neue Gedankengut in der Gottesbegegnung im Abendmahl deutlich, auf denen die Ausspendung mit Brot und Wein an die christliche Gemeinde dargestellt ist (Abb. 34). Alle Darstellungen sind begleitet durch kurze deutschsprachige und damit allgemein verständliche Zitate von Bibelstellen.[53] Schriftstellen, Skulpturen und Reliefs sowie die antikisierende Architektur des Altars waren farbig gefasst und teilweise vergoldet. Etwas unbeholfen wirkt der obere Abschluß des Altars, der in der heutigen Form offenbar nicht zum Originalbestand gehört und später verändert wurde. Triumphalistischer kann man den lutherisch-christlichen Glauben kaum abbilden - und selten ist er so tiefsinnig künstlerisch umgesetzt worden wie im Rochsburger Altar! Es ist deshalb nicht verwunderlich, dass dieses Konzept typologisch für viele protestantische Kirchen des 16. und 17. Jahrhunderts übernommen wurde. Die Bildhauerwerkstätten in den führenden sächsischen Zentren wie Dresden, Freiberg, Meißen und Pirna griffen rasch den neuen Altartyp auf. Sein inhaltliches Konzept geht vermutlich auf den Pfarrer Paul(us) Held († 1588) zurück, den Wolf II. von Schönburg zu dessen Rettung als Hofprediger nach Rochsburg geholt hatte. Held war nämlich - wie auch Wolff II. - seiner streng lutherischen Haltung wegen vom Kurfürsten verfolgt worden und hatte daraufhin seine Pfarrstelle in Bad Lausick und an weiteren Orten verloren. Zuletzt hatte er sich in Burgstädt niedergelassen, wo er eine Dynastie begründete, die über mehrere Generationen den Pfarrer von Burgstädt stellte. Auf der

52 Nach dem lateinischen Begriff *„sub utraque specie"* - in beiderlei Gestalt.
53 Bei den Einsetzungsworten hatte sich der Steinmetz „verschrieben": das „VOR EUCH GEGEBEN..." musste nachträglich mit „FÜR EUCH..." korrigiert werden.

Abb. 33: Schloss Rochsburg, Schlosskapelle, Altaraufsatz von Andreas Lorentz (1576), Situation 2009.

Abb. 34: Schloss Rochsburg, Altar, seitliches Relief mit der Darstellung der Ausspendung des Abendmahls.

Rückseite des Altars bezeugt eine heute kaum noch lesbare Inschriftentafel die Mitwirkenden:

DER WOLGEBORNE VND EDLE I HERR HERR WOLFF VONN SCHÖNBVRGK DER I ELDER HERR ZV GLAVCHAW I VND WALDENBURGK [HAT] DIS HER I LICHE WERCK ZV DER ZEIT I DO DER EHRWIRDIGE HER I PAVLVS HELDT SEINER GNADE[N] HOFPREDIGER GEWESEN I MACHEN VND AVFRICHTEN I LASSEN I DVRCH I ANDREAS LORENTZ SCHLOSMEISTER I BILDTHAVER ZU FREYBERGK FERFERTTIGET I DEN XII DECEMBRIS AN[N]O M.D.LXXVI

Zu den Veränderungen in der Kapelle gehörte auch der Ersatz der älteren Herrschaftsempore durch einen hölzernen Neubau (s. Abb. 35). Die Empore erhielt einen Zugang vom nordöstlichen Teil des Ostflügels. Die Gewände der spitzbogigen Zugangstür vom Ostflügel zur Herrschaftsempore sind rot gefasst mit schwarzem Begleitstrich. Drei auf die Wand gemalte Kugelbekrönungen schmücken den Bogen. Rechts steht die Jahreszahl 1. 5. 51, links ist eine stark abgekürzte Inschrift I.S.O.S.ISHAS I V.D.M.I.E Während der erste Teil nicht aufzulösen ist, stehen die letzten fünf Buchstaben für den Wahlspruch *„Verbum domini manet in [a]eternum“* (*„Das Wort des Herrn bleibt in Ewigkeit“*). Dieser Wahlspruch wurde vor allem von den ernestinischen Wettinern geführt und war in der Reformationszeit als Ausdruck lutherischer Gesinnung weit verbreitet.[54]

Die Südostecke der Kernburg wird durch einen Baukörper gebildet, dessen Umfassungsmauerwerk in einer sehr frühen Baupe-

54 Matthias Donath: Schloss und Herrschaft Rochsburg, Beucha 2006, S. 93.

Abb. 35: Schloss Rochsburg, Schlosskapelle, Altar und Detail der neuen Herrschaftsempore.

riode der Burg entstanden ist; wahrscheinlich im 14. Jahrhundert. Dieses gehörte zu einem dreigeschossigen Wohnturm, der über einem trapezförmigen Grundriss von etwa 16 x 13 Meter über zwei Kellertonnen angelegt war. Dessen Außenwand wurde dabei zunächst unmittelbar hinter die ältere Ringmauer gesetzt (vgl. dazu Baualtersplan Abb. 9 a). Im dritten Obergeschoss überragte der Turm die Ringmauer; das aufgehende Mauerwerk wurde dabei auf die Mauerkrone der alten Ringmauer aufgesetzt - eine folgenschwere Tat! Von dem in den Baurechnungen des 15. Jahrhunderts als „Alte Kemenate" bezeichneten Wohnturm ist heute noch vom Burghof aus die Eckquaderung seiner Nordwestecke zu sehen. Bei den Baumaßnahmen 1552 /53 hatte man nun die Lücke zwischen Alter und Neuer Kemenate durch Einfügen eines Verbinderbaus - dem heutigen Südflügel - mit dem Kleinen Wendelstein geschlossen. Dabei wurde der nördliche Teil der Alten Kemenate der Kapelle als Seitenraum zugeschlagen. Dazu musste der Rundbogen in der ehemaligen Außenwand auf ca. vier Meter Stützweite bei ca. fünf Meter Scheitelhöhe über dem Kapellenfußboden erweitert werden. Die frühere Geschossteilung wurde verändert; den Höhenunterschied zwischen den beiden Räumen glich nun eine Stufenanlage (Abb. 39) aus. An der Nordwand findet man noch die Kämpfer der alten Wölbung. Der so entstandene neue Raum wurde durch eine flachgespannte Ziegeltonne mit Stichkappen überwölbt; der Gewölbescheitel befindet sich etwa 8,6 Meter über dem Fußboden. Seine Unterseite ist durch etwas unbeholfen wirkende aufgeputzte Grate verziert.

Das nach Westen weisende Kapellenfenster wurde dabei vermauert und vom neu gebauten kleinen Wendelstein aus ein Zugang zur hölzernen Empore geschaffen (Abb. 37), von der die Hofgesellschaft nun dem Gottesdienst folgen konnte. Zur Ausstattung aus dieser Zeit gehören die Brettbaluster der Emporenbrüstung und zwei hölzerne Wandschränke, die in die alten Fensteröffnungen der Alten Kemenate eingefügt wurden,

Abb. 36 Schloss Rochsburg, Innenhof, Ansicht v.l.n.r: Bergfried, Schlosskapelle, ehem. Wohnturm der Alten Kemenate mit der charakteristischen Eckquaderung, Fassade vom Südflügel mit Befundfenster, im Winkel eingestellt der Kleine Wendelstein, 2015.

während die neue Putzfassung des Raumes mit dem aufgemalten Quaderwerk dem 19. Jahrhundert zuzuordnen ist. Ein spätgotisches Spitzbogenportal führt vom Kapellen-Seitenraum in die südliche Raumhälfte (Abb. 40). Graf Heinrich Ernst I. (1711–1777) richtete in diesem Raum eine Gruft für seinen Familienzweig von Schönburg-Rochsburg ein. In der um 1770 angelegten Gruft neben der Kapelle ruhen in neun hölzernen oberirdischen Doppelsärgen die letzten Mitglieder des Familienzweiges Schönburg-Rochsburg, der mit Heinrich Ernst II. ohne männliche Nachkommen erloschen ist:[55]

1. Heinrich Ernst I. (1711–1777), Graf und Herr von Schönburg-Rochsburg
2. Magdalena Luise (1723–1798), Gräfin und Herrin von Schönburg-Rochsburg, geborene Reichsfreiin von Elstern – Ehefrau von Heinrich Ernst I.

55 Aufstellung nach Wikipedia-Eintrag, Stand: März 2021.

Abb. 37: Schloss Rochsburg, Zugang zur Schlosskapelle vom Kleinen Wendelstein aus.

3. Friedrich Ernst (1748–1770), Graf und Herr von Schönburg – erster Sohn von Heinrich Ernst I.
4. Heinrich Wilhelm Ernst (1751–1816), Graf und Herr von Schönburg-Rochsburg – zweiter Sohn von Heinrich Ernst I.
5. Wilhelmine Eleonore Sidonie (1756–1822), geborene Gräfin und Herrin von Schönburg – verwitwete Freiherrin von der Steyden, Tochter Heinrich Ernst I.
6. Heinrich Ernst II. (1760–1825), Graf und Herr von Schönburg-Rochsburg – vierter Sohn von Heinrich Ernst I.

Abb. 38: Schloss Rochsburg, Prunksärge in der Gräflichen Gruftanlage.

Abb. 39 und 40: Schloss Rochsburg, Schlosskapelle, Übergang zum Kapellen-Seitenraum und Zugang vom Kapellen-Seitenraum zur Gräflichen Gruftanlage, Situation 2010.

7. Sophie Wilhelmine (1766–1795), Gräfin und Herrin von Schönburg, geborene Prinzessin von Schönaich-Carolath-erste Ehefrau von Heinrich Ernst II.
8. Ernestine Wilhelmine (1768–1838), Gräfin und Herrin von Schönburg, geborene von Köhler – zweite Ehefrau von Heinrich Ernst II.
9. unbeschrifteter Sarg, vermutlich Ernst Ferdinand Ludwig Heinrich von Schönburg (1800–1868) – Cousin zweiten Grades von Heinrich Ernst II.

Zuletzt hatte man den Altar und die gesamte Kapelle 1840[56] renoviert und ihr dabei eine neue Farbgestaltung gegeben. Das zeugt von einer intensiven Auseinandersetzung und Nutzung des Raumes für sakrale Zwecke. Aber bereits damals waren große Risse als Zeichen unzureichender Schubableitung in der Nordwand der Alten Kemenate erkennbar und ein Ausweichen der Kapellen-Ostwand die Ursache für sich aus dem Verband lösende und abstürzende Rippen. Sie sind eine Folge der Instabilität der offenbar nur auf die alte Ringmauer gegründeten Außenwände von Kapelle und Kemenate sowie deren zunehmenden Abrutschens an dem steil abfallenden Osthang des Bergsporns auf dem einst die Burg errichtet wurde. Auch das Maßwerk des hofseitigen Fensters musste ausgebaut werden, da sich die Teile des Gewändes durch die Verformungen gegeneinander verschoben und die Werksteine zerdrückt hatte. Da aber damals nicht die gesamte Baukonstruktion konsolidiert wurde, sondern nur an den Symptomen gearbeitet wurde, war etwa 150 Jahre später wieder ein bedenklicher Zustand erreicht. Von der „über alles" gelegten

56 Birgit Finger: Burg- und Schlosskapellen im 19. Jahrhundert. In: Schlösser, Burgen, Gärten Sachsen. 2003, Bd.11. S. 78.

Abb. 41: Schloss Rochsburg, Kreuzgratgewölbe eines unbekannten Baumeisters über dem Kapellen-Seitenraum, Mitte 16. Jahrhundert.

schlichten Quaderbemalung des Raumes von 1840 (s. auch Abb. 42 b) zeugt heute ein im Kapellen-Seitenraum auf Emporenhöhe belassenes Befundfenster.

Die Linie Schönburg-Hinterglauchau war in der männlichen Linie 1900 ausgestorben. Darauf fiel Rochsburg an die Linie Schönburg-Forderglauchau-Wechselburg. Graf Carl von Schönburg-Forderglauchau (1832-1898) nebst Gattin konvertierten im März 1869 in Rom zum katholischen Glauben, was unter seinen lutherischen Standesgenossen in Sachsen für heftige Kontroversen sorgte. Für die Nutzung der evangelischen Schlosskapelle gab es nunmehr keinen Bedarf. So gerieten Altar und Kapelle in Vergessenheit; knapp 50 Jahre später zeigten sich Burg und Kapelle in einem vernachlässigten Zustand (siehe Abb. 42 a und 42 b).

1928 bis 1937 wurde die Burg mit finanzieller Unterstützung des Landesvereins Sächsischer Heimatschutz unter der Leitung des Dresdner Architekten Otto Rometsch instandgesetzt. Aber die Kapelle, insbesondere deren Altar, verfielen weiter. Das änderte sich auch nicht durch die Nutzung von Teilen der Burg als Jugendherberge in den 1930er Jahren. Und in der Zeit nach 1945 gehörte ein

Abb. 42 a: Rochsburg, Innenhof vom Schloss, Postkarte um 1920.

Abb. 42 b: Schlosskapelle von Rochsburg, Postkarte um 1920.

Besuch der Kapelle sicher nicht zu den bevorzugten Zielen bei der Erziehung der Jugend. Bereicherte denn das Wissen um das Bildprogramm des Altars deren sozialistische Bildung? Nein, natürlich nicht - es entsprach bei weitem nicht den vom Atheismus geprägten Erziehungsidealen! Und so verfielen Raum und Altar immer mehr, bis schließlich der Altar umzukippen drohte und Teile aus dem Gewölbe herunterstürzten. Deren baustatische Konsolidierung war nun der nächste Schwerpunkt bei der Restaurierung.

DIE STATISCH-KONSTRUKTIVE SICHERUNG DES GEWÖLBES

Die neuerliche Rettung des Gewölbes ist der damaligen Museumsleiterin Sylvia Karsch zu verdanken. 1988 hatte sie wegen der sich besorgniserregend vergrößernden Risse die Kapelle einrüsten lassen. Die Durchführung der Arbeiten war aber unter den Bedingungen der maroden DDR-Bauwirtschaft unmöglich; schon nach kurzer Zeit wurde das Gerüst vom damals beauftragten volkseigenen Baubetrieb wieder abgebaut, da es andernorts benötigt wurde. Erst als sich mit der deutschen Wiedervereinigung die Verhältnisse normalisierten, konnte die immer dringender gewordene Sicherung und Reparatur erneut angegangen werden. Die nun durchgeführte Gewölbesanierung konnte nur gelingen, wenn sie flankiert wird von statisch-konstruktiven Sicherungen des gesamten Baugefüges, denn auf das Versagen der Gewölbe-Widerlager – hier besonders der Nordwand der Alten Kemenate (= Südwand der Kapelle.) – waren die Gewölbeschäden letztendlich zurückzuführen (Abb. 45). Wie kaum anderswo ermöglichte die Reparatur des einsturzgefährdeten Gewölbes den besten Einblick in Kraffts Wölbtechnik.

Abb. 43: Schloss Rochsburg, Schlosskapelle, Zustand des Gewölbes, Situation 1988.

Abb. 44 Schloss Rochsburg, Gewölbe der Schlosskapelle, Blick von oben auf das Rippennetz nach Abbau der Gewölbekappen.

Diese Arbeiten wurden, wenn auch zeitlich versetzt, ab den Jahren 1993 im Rahmen eines Masterplanes der Gesamtsanierung der Burg schrittweise durchgeführt. Zunächst mussten aber die Gewölbekappen komplett aufgenommen werden, um von oben an das Rippennetz zu gelangen. Fehlstellen im Gefüge wurden durch neue Porphyrtuff-Werkstücke geschlossen und die geborstenen Rippen ersetzt.[57] Dann wurden die Gewölbekappen mit dem historischen Material als Auflast wieder aufgemauert.

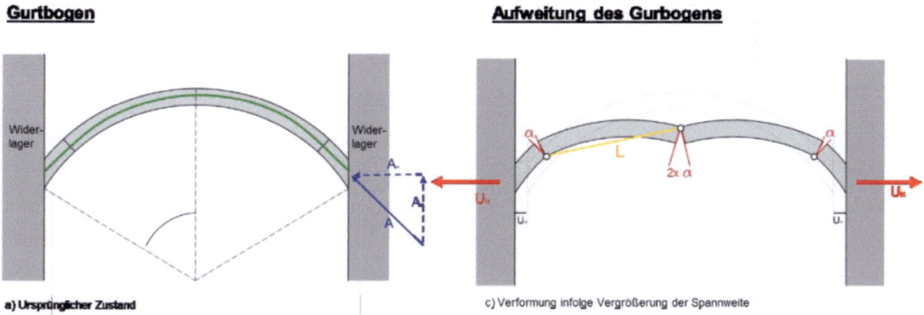

Abb. 45: Statisches System eines Bogens mit dem Kräfte-Dreieck im Auflager (links ungestörte Verhältnisse) und die Folgen bei Ausweichen der Widerlager (rechts). Vgl. dazu die kurze Abhandlung auf S. 29 f.

57 Arbeiten alle durch Fuchs & Girke, Bau und Denkmalpflege GmbH, Dresden, unter Mitwirkung des Steinmetz Dirk Bretschneider, Mühlau. Steinmetzarbeiten am Maßwerk Andreas Muth, Zwickau. Statische Sicherung: Stump Bohr GmbH, Chemnitz.

Abb. 46: Schloss Rochsburg, Schlosskapelle, Blick auf das reparierte Rippensystem des Netzgewölbes mit ergänzten und verkeilten Rippen über dem Lehrgerüst.

Abb. 47: Schloss Rochsburg, Gewölbe der Schlosskapelle, Blick auf die wieder aufgemauerten Gewölbekappen nach Abschluß der Reparaturen 1991.

Abb. 48: Schloss Rochsburg, Schlosskapelle, Ansicht des Stern-Netzgewölbes nach Abschluß der statischen Sicherung und Restaurierung, 1997.

DIE KAPELLEN-RESTAURIERUNG 1990 bis 2010

Inzwischen hatte sich der Altar immer mehr geneigt. Grund dafür war der weiter nachgebende und abrutschende Baugrund, der eine Schiefstellung der alten Mensa und des Aufsatzes zur Folge hatte. Darüber hinaus war der weiche Cottaer Sandstein zunehmend durch Feuchtigkeitseinwirkung infolge von Stau- und aufsteigender Nässe stark mit Salzen belastet. Einer Restaurierung des Altars mussten also die baustatische Sicherung des Fundamentes und eine Entsalzung des Sandsteins vorausgehen. Schweren Herzens entschied man sich, den Altaraufsatz Stück für Stück zu zerlegen. Der Abbau wurde genauestens dokumentiert, um die Werkstücke in das Atelier des Steinrestaurators[58] zu verbringen. Dort wurden nach Sicherung der Farbbefunde alle Teile mittels entionisiertem Wasser (*aqua destillata*) in mehreren Arbeitsgängen so lange entsalzt, bis sie nur noch eine kaum merkliche Salzkonzentration besaßen. Erst dann war der Zeitpunkt der Trocknung, der steintechnischen Restaurierung und des Wiederaufbaus vor Ort gekommen. Darüber soll-

58 Restaurierungsatelier Michael Lange, Kaufungen, unter Mitarbeit von Steinmetz und Bildhauer Andreas Muth; Maurerarbeiten Fa. Theuer, Wechselburg; Steinmetzarbeiten: Tobias Neubert, Halsbrücke.

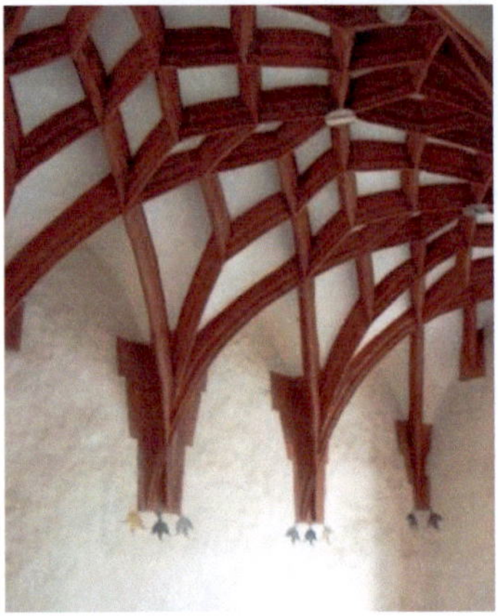

ten aber noch mehrere Jahre vergehen, die jedoch dadurch genutzt werden konnten, dass die ebenfalls abgebaute Mensa des Altars inzwischen auf eine neue Stahlbeton-Fundamentplatte aufgemauert und abgesetzt werden konnte. In diesem Zusammenhang musste auch der Fußboden der Kapelle aufgenommen werden. Bei der Gelegenheit konnten die spannenden bauarchäologischen Entdeckungen gemacht werden, die in den Abb. 9 a / 9 b und 15 und den dazu gehörenden Textpassagen in dieser Broschüre dargestellt sind. Mit der Wiedererrichtung des Altars konnten die Arbeiten im Kapellenraum zu einem vorläufigen Abschluss gebracht werden, so dass man sich nun der Restaurierung der Raumfassung zuwenden konnte. Für die Restaurierung[59] der Kapelle in diesem Bauabschnitt wurde festgelegt, die Farbigkeit des 16. Jahrhunderts (aus der von Schönburg'schen Bauphase) wieder herzustellen: Die rot gefassten Porphyrrippen des Gewölbes kontrastieren mit der Weißfassung der gekalkten Wände. Die Rippenfarbigkeit ist um Pinselbreite auf den Putz gezogen; dadurch wirkten die Rippen von unten gesehen optisch breiter und Unregelmäßigkeiten im Verlauf werden dadurch etwas korrigiert. Die Mauerecke zur Herrschaftsempore wurde durch eine aufgemalte Eckquaderung betont. Überall ziert ein idealiter aufgesetztes Fugennetz die Architekturteile der Kapelle; die weißen Fugen besitzen schwarze Begleitstriche als Rahmung. Farbige Akzente setzen die in ihrer heraldischen Farbigkeit restaurierten Wappenschilde. Die wandbündigen Bereiche zu beiden Seiten der Werksteine der Anfänger sind im Farbton der Rippen noch einmal in idealisierter Form hervorgehoben; ihren Fuß schmücken farbige Blütenkelche.

Abb. 49 a: Anfänger des Kapellengewölbes.

49 b: Rekonstruktion der Farbfassung mit Blütenkelchen unterhalb der charakteristischen schwalbenschwanzförmigen Rippengabelung.

59 Restaurierung durch Restaurator Michael Lange, Kaufungen.

Abb. 50: Schloss Rochsburg, Blick von der Kapelle in den Seitenraum, Zustand 1998 mit Notabsteifung der Empore vor Beginn der Restaurierung.

Abb. 51: Schloss Rochsburg, Kapellen-Seitenraum, Zustand um 2000.

Lediglich der Kapellen-Seitenraum harrte nun noch seiner „Wiedererweckung" aus einem mehr als 100 Jahre andauernden „Schlaf" (und Verfall!). Wegen der problematischen Gründungsverhältnisse vor allem an der Ostseite des Kapellen-Seitenraumes kam es zu einem Abreißen dessen Ostwand. Die hier auftretenden Querzugspannungen konnten von dem ausgewaschenen Schalenmauerwerk nicht mehr aufgenommen werden und es drohte herauszubrechen. Die Ostwand konnte durch in den Fels eingebohrte Pfahlgründungen vor dem weiteren Abrutschen gesichert werden.[60] Im Zusammenhang mit der Erneuerung des Kapellengewölbes wurde die Kemenaten-Nordwand oberhalb des Rundbogens durch eine Notsicherung vor dem weiteren Auseinanderbrechen gehalten. Erst durch eine umfangreichere Sicherungsmaßnahme dieser Ausbauchungen und klaffenden Risse, verbunden mit der Nachgründung der gesamten Ostwand, konnte bis 1997 dieser Bereich statisch-konstruktiv konsolidiert werden. Dabei wurde mit dem „Vernadeln und Verpressen" der Risse ein modernes Spezialverfahren der konstruktiven Bauwerkssicherung in der Denkmalpflege angewendet. Das Mauerwerk zu beiden Seiten der Risse wird dabei durch kreuzweise versetzt eingebohrte Edelstahlstäbe förmlich miteinander „verhäkelt"; in die Hohlräume des Mauerwerks wird dabei eine mit der historischen Mörtelrezeptur verträgliche Trasskalk-Suspension über Schläuche unter leichtem Druck eingepresst. Das Ausweichen der Wände hatte auch Auswirkungen auf die hölzernen Tragbalken der Empore, die alle aus ihrem Auflager im Mauerwerk herausgerutscht sind. Die den mit Schiffskehlenprofilen versehenen Hauptbalken tragenden Holzstützen mussten fach-

60 Siehe Günter Donath: „Da sindt die Mauern sehr zerschellert ...". In: Schloss und Herrschaft Rochsburg, S. 119.

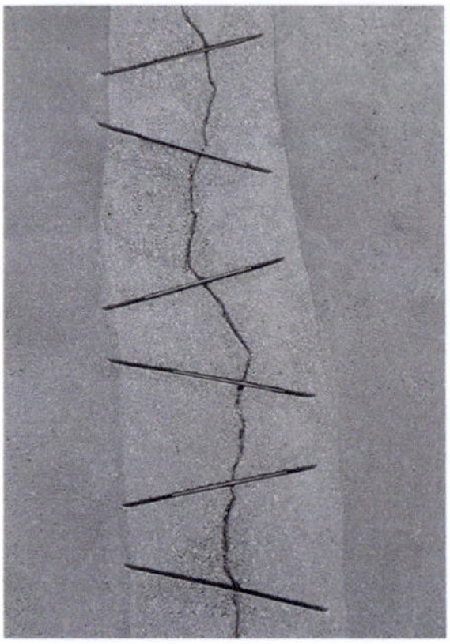

Abb. 52 a: Prinzip einer Rissvernadelung; Abb. 52 b: das Vernadeln und Verpressen von Rissen an der Seitenraum-Südwand im Schloss Rochsburg, 2009.

gerecht erneuert werden. Die Empore war bislang nur durch notdürftig untergestellte Kanthölzer vor dem Herunterbrechen gesichert. Dabei zeigte sich, dass die Balkenköpfe weggefault waren; sie wurden angeschäftet. Der Kragbalken erhielt rückseitig Kunstharz-Prothesen nach dem Beta-Verfahren.
Die Bilder der Restaurierung, bei der nahezu alle in der traditionellen Handwerkskunst beheimateten Gewerke[61] vertreten waren, zeugen davon, wie vielfältig die zu lösenden Aufgaben waren und mit welch denkmalpflegerischer Behutsamkeit daran gegangen wurde, das Erbe der alten Baumeister zu sichern und dem Betrachter für die Zukunft zu erschließen. Die der besseren Besucherführung wegen aus funktionalen Gründen eingefügte Treppe bildet mit ihrer modernen, zeitgemäßen Architektursprache nun eine Brücke vom späten Mittelalter in das 21. Jahrhundert hinein.

Burg- und Schlosskapellen stehen oft im Schatten ihrer „größeren Geschwister", den Domkirchen, den Pfarr- und Klosterkirchen in unserer sächsischen Kulturlandschaft. Dennoch sind es häufig kunsthistorisch bedeutsame Kleinode, deren spannende Biografie sich aber erst erschließt, wenn man sich der Mühe unterzieht, ihre einzelnen Zeitschichten wie Seiten eines Buches nacheinander aufzublättern. Die Arbeiten an der Kapelle vom Schloss Rochsburg oder der Marktkirche in Halle führen wie in einem Brennglas die Zusammenhänge von Geschichte, Kunst und Gesellschaft vor Augen. Der sie begleitende Prozess baumeisterlicher Überlegungen zeigt, wie für das Planen und Bau-

61 Mauerwerkssicherung: Stump GmbH Chemnitz / August Wolfsholz, Leonberg; Zimmererarbeiten: ZHA Chemnitz; Steinmetzarbeiten: Tobias Neubert, Halsbrücke; Putz- u. Malerarbeiten: Restaurator i. H. Jens Müller, Burkau, Restaurator. Begleitung: Restauratoren Gruner & Schmidt, Batzdorf; Holzrestaurierung: Restaurator i.H. Andreas Barthel, Kohren-Sahlis; Schmiede- und Schlosserarbeiten: Thomas Koch, Burgstädt; Gerüstbau Söll, Chemnitz I Gesamtleitung 1992-2015: Architekt Günter Donath, Meißner Dombaumeister.

Abb. 53 a, b: Schloss Rochsburg, Zimmererarbeiten an der Empore im Kapellen-Seitenraum, behutsames Anschäften der weggefaulten Balkenköpfe im Auflager und am Kragbalken zur Wiederherstellung der Tragfähigkeit der Renaissance-Empore, 2009.

Abb. 54, 55, 56: Schloss Rochsburg, Schlosskapelle und Kapellen-Seitenraum (mit Entwurf) nach Abschluss der Restaurierungsarbeiten, 2010.

en jetzt eine Wissenschaftlichkeit bemüht wird. Es wird deutlich, wie sich das Bild der *ars mechanica* vor dem Hintergrund schärfster Auseinandersetzungen zwischen den Geisteskräften der Tradition und der Reformation in der Zeit der Spätgotik zu wandeln beginnt: *ars sine scientia nihil est!*[62] In diesem Vorgang bildet der Werkmeister Caspar Krafft im Verein mit den anderen Akteuren, den Steinmetzen, Bildhauern und Künstlern, eine Klammer. Es gilt, deren Architektur als Sprache zu verstehen und als Ausdruck einer ungebrochenen Frömmigkeit zu erkennen, die erworbene Kunstfertigkeit zur Ehre Gottes einzusetzen.

62 Ausruf des Pariser Werkmeisters Jean Mignot im Disput mit den lombardischen Steinmetzen zu den baustatischen Problemen am Mailänder Dom, in: Herbert Siebenhüner: Deutsche Künstler am Mailänder Dom, München 1944, S. 41. Zu *ars und ingenium* als Diskursbegriffe in der Kunsttheorie des 14. und 15. Jahrhundert, s. Lit. in Anm. 29.

KURZER ABRISS DER BURGGESCHICHTE

1195 erfolgte die erste urkundliche Erwähnung eines **„Gunteros de Rochsberg“** (gest. um 1220), vermutlich ein wettinischer Beamter, der mit dem benachbarten Gau Rochlitz in Verbindung stand. Es ist jedoch nicht sicher, ob die Burg bereits vor 1200 errichtet wurde.

1283 erste Erwähnung der Burggrafen von Altenburg als wettinische Lehnsnehmer der Rochsburg und direkte Erwähnung eines „castrum Burggravii Rochsberg“ in einer Urkunde des Burggrafen Dietrich II. von Altenburg.

1329 kommt die Burg an Otto von Leisnig, dessen Nachfahr Albrecht II. von Leisnig sich durch Finanzsorgen dazu genötigt sah, die Herrschaft Rochsburg **1448** an Heinrich Herrn zu Gera, zu veräußern. Die Herren zu Gera verpfändeten ihre Grundherrschaft bereits vier Jahre später an Zschaslaw von Schönfeld für eine Zeit von fünf Jahren, danach wurde Rochsburg wettinisches Amt und Zschaslaw von Schönfeld der Amtmann.

1467 nahm der Graf von Hohnstein die Rochsburg im Handstreich ein.

1470 ging sie gegen Zahlung von 4000 Gulden als Pfand an den politisch einflussreichen kurfürstlichen Ratgeber und **Obermarschall Hugold IV. von Schleinitz**, der **1488** das Schloss gegen Rückzahlung seiner Pfandsumme und weiteren 4000 Gulden als Entschädigung für Baukosten infolge der Leipziger Teilung an Herzog Albrecht von Sachsen zurückzugeben hatte. Vögte verwalteten das nunmehr herzogliche (albertinische) Amt Rochsburg.

1503 brannte die Rochsburg völlig aus. Die Brüder **Heinrich und Götz von Ende** auf dem benachbarten Kriebstein nutzten die Gunst der Stunde und tauschten ihre Herrschaft Kriebstein gegen die Rochsburger Grundherrschaft ein.

1547 plünderten kurfürstliche Truppen während des Schmalkaldischen Krieges das schwach besetzte Schloss und brannten es nieder. Heinrichs Sohn Wolf von Ende verkaufte Schloss und Herrschaft Rochsburg an die drei Herren **Georg, Hugo und Wolf II. von Schönburg.**

1582 behoben die Schönburger unter Wolf III. zügig die Schäden eines erneuten Brandes.

1574 entstand vor den Toren des Schlosses ein zweigeschossiges Lusthaus auf kreisförmigen Grundriss, das heute das letzte erhaltene Beispiel dieses Bautyps in Sachsen darstellt.

1637 wurde Christian Ernst von Schönburg durch Kauf alleiniger Besitzer der Rochsburg.

1911 machte der damalige Besitzer Graf von Schönburg-Waldenburg der Öffentlichkeit einige Räume im Schloss als kleines Museum zugänglich; zudem wurden ab Mitte der 1920er Jahre einige Zimmer als Herberge überwiegend an katholische Gäste vermietet.

1932 wurde eine anfänglich rein katholische Jugendherberge in der Hauptburg eröffnet; diese wurde **1934** durch die Hitlerjugend übernommen, die dort schon im folgenden Jahr ein Schulungslager einrichtete, bevor die Herberge von der Hitlerjugend schließlich als Wehr-Ertüchtigungslager genutzt wurde. Im Zweiten Weltkrieg wurde das Schloss auch als Auslagerungsort für wertvolle Kulturgüter genutzt.

Von 1548 bis 1945 blieb die Burg im Besitz des 1700 in den Grafenstand erhobenen Geschlechts von Schönburg.

1945 wurde die Adelsfamilie im Rahmen der Bodenreform enteignet und die Anlage kam an das Land Sachsen.

1952 übernahm der damalige Landkreis Rochlitz die Rochsburg. Nachdem dieser **1992** im Landkreis Mittweida aufging, führte zunächst Mittweida die Nutzung weiter, seit **2002** der Landkreis Mittelsachsen. Das Museum im Schloss wird seit **2009** von der **Mittelsächsischen Kultur gGmbH** betrieben.[63]

Abb. 56: West-Ost-Längsschnitt durch die Burg, Blickrichtung nach Nord. Zeichnung Architekturbüro Donath

63 Alle Angaben aus: Wikipedia-Eintrag, Stand März 2021.

▲ Lageplan Schloss Rochsburg
maßstabslos

BIBLIOGRAPHIE

Grundlegend:

Bachmann, Walter: Die Rochsburg. In: Mitteilungen des Landesvereins Sächsischer Heimatschutz Band XVII, Heft 5-6, Dresden 1928, S. 221-246.

Dehio, Georg: Handbuch der deutschen Kunstdenkmäler. Sachsen. Bd. II: Regierungsbezirke Leipzig und Chemnitz. München 1998, S. 662-665 (bearbeitet von Irmhild Heckmann von Wehren und Barbara Bechter).

Donath, Matthias (Hrsg.): Schloss und Herrschaft Rochsburg, Beucha 2006.

Karsch, Karl-Heinz: Zur Baugeschichte des Schlosses Rochsburg unter besonderer Berücksichtigung der Entwicklung im 15. und 16. Jh., Diplomarbeit an der Martin-Luther-Universität Halle-Wittenberg, 1984.

Steche, Richard: Beschreibende Darstellung der älteren Bau- und Kunstdenkmäler des Königreiches Sachsen. Bd. 14: Amtshauptmannschaft Rochlitz, Dresden 1890, S. 82-89.

Sekundär:

Beil, Arthur: Rochsburg im Besitze der Landesherren. In: Neues Archiv für Sächsische Geschichte 37 (1916), S.1.15.

Hennig, Lutz: Schloss Rochsburg (STEKO-Kunstführer 51), Wettin-Löbejün 2019.

Hoffmann, Yves: Zur Datierung von Wohntürmen und Bergfrieden des 11. bis 13. Jahrhundert auf sächsischen Burgen. In: Historische Bauforschung in Sachsen (Landesamt für Denkmalpflege, Arbeitsheft 4), Dresden 2000, S. 47-58.

Hofmann, Reinhold: Zur Baugeschichte der Rochsburg. In: Schönburgische Geschichtsblätter 3 (1896/1897), S. 34-62.

Hardt, Andreas: Geist- und weltlicher Garten-Baw, Leipzig 1648.

Karsch, Karl-Heinz: Rochsburg, Regensburg 1996.

Müller, Johannes: Zur Geschichte Rochsburgs und seiner Herren, Waldenburg 1887.

Röber, Wolf-Dieter: Die Rochsburg, In: Schönburgische Burgen und Schlösser im Tal der Zwickauer Mulde, Beucha 1999, S. 77-90.

Röber, Wolf-Dieter und Steffen Winkler: Schloss Rochsburg. In: Schriftenreihe Heft 6, Museum und Kunstsammlung Schloss Hinterglauchau, Glauchau 1986, S. 27-30.

Thümmler, Alexandra: Herrschaft und Unternehmertum. Graf Heinrich Ernst II. von Schönburg-Rochsburg (1760-1825), in: Reichsstand, Pracht und Frömmigkeit. Repräsentationsformen der Grafen und Fürsten von Schönburg im 18. Jahrhundert, Leipzig 2019, S. 539-560.

Museum Schloß Rochsburg (Hrsg.): Die Rochsburg und ihre Umgebung. Ein historischer Abriss, Rochsburg 1974.

Abbildungsnachweis

Archiv Architekturbüro Donath, Wilsdruff: Vignette S. 3, Abb. 3, 4 b, 5, 6 a+b, 7, 8, 10, 11 b, 15, 16a, 19, 22, 24, 26, 27, 34, 35, 38, 39,40, 41, 48, 49 a+b, 50, 51, 52 a+b, 53 a+b, 55, Zeichnung S. 57, 58, Abb. auf Rücktitel

Archiv Museum Schloss Rochsburg: Abb. 4 a, 30 b, 42 a+b, 43, 44, 46, 47

Barthel & Maus, München: Abb. 45

Thomas Bauer/Jörg Lauterbach, Dresden: Abb. 21 a

Jörg Blobelt, Dresden: Abb. 17, 33, 54

Stefan Bürger, Würzburg: Abb.13 (aus: Werkmeister..., dort Abb. S. 405. Original im SHStA Dresden, Geheim. Rat (Geheim. Archiv), loc. 8746/2, Abb. 20 (aus: Freiberger Dom... S. 55)

Rudolf Brändle: Abb. 21 b (aus: Technikgeschichte 77, S. 237)

Georg Dehio: Abb. 18 a (aus: Handbuch Bd. Leipzig/Chemnitz, S. 439)

Heino Engel: Abb. 11 a (aus: Tragsysteme, S. 231)

Grassi-Museum für Angewandte Kunst, Leipzig, Foto Matthias Hildebrandt: Abb. 31

Cornelius Gurlitt: Abb. 1, 18 b (aus: Beschreib. Darstellung, Bd. Meißen, S. 463)

bauplanung Patricia Hentschel, Wilsdruff: Abb. 16 b, 36, 37, Abb. 27 bearbeitet

Herzog-August-Bibliothek, Wolfenbüttel: Abb. 23 a, 23 b

Stefan Hoppe, München: Abb. 2 (aus: Wittenberg-Forschungen 5. S. 69)

Lange-Stamm-Lange Restauratoren GbR, Kaufungen: Abb. 14 a, 14 b, 28

Landesamt für Denkmalpflege und Archäologie Sachsen-Anhalt, Reinhard Rüger, Halle: 29 a, b, c, 29 b (weiter bearb. G. Donath)

Mittelsächsische Kultur gGmbh, Freiberg: Titelfoto, Foto: Matthias Rose, Zwickau

Sachsens Kirchen-Galerie. Bd.10, Dresden 1843: Abb. Frontispiz

Wolfgang Schwabenicky: Abb. 9 a, 9 b

Richard Steche: Abb. 32 (aus: Beschreib. Darstellung, Bd. Rochlitz, S. 89)

Daniela Štěrbová, Prag: Abb. 25

Wikipedia, gemeinfrei: Abb.12, 30 a, S. 50